10 vol.

Connaissances Nécessaires

à

Un Bibliophile

☆

EXEMPLAIRE IMPRIMÉ SUR PAPIER VELIN TEINTÉ

Connaissances Nécessaires

à un

Bibliophile

ACCOMPAGNÉES DE

Notes critiques et de Documents bibliographiques

RECUEILLIS ET PUBLIÉS

par

ÉDOUARD ROUVEYRE

LIBRAIRE ET ÉDITEUR, OFFICIER D'INSTRUCTION PUBLIQUE

CINQUIÈME ÉDITION
ILLUSTRÉE DE NOMBREUSES FIGURES

TOME PREMIER

PARIS

Édouard Rouveyre, Éditeur

76, RUE DE SEINE, 76

Après le plaisir de posséder des livres, et d'en jouir à la fois comme simple amateur et comme studieux, je ne connais guère de plaisir plus vif que celui d'en parler.

CHARLES NODIER.

L'ANGE DU LIVRE
ÉGLISE DE SAINT-SPIRIDONE, A TRIESTE
D'après Barzaghi Cattaneo

Connaissances Nécessaires

à un

Bibliophile

ACCOMPAGNÉES DE

Notes critiques et de Documents bibliographiques

RECUEILLIS ET PUBLIÉS

par

ÉDOUARD ROUVEYRE

LIBRAIRE ET ÉDITEUR, OFFICIER D'INSTRUCTION PUBLIQUE

CINQUIÈME ÉDITION
ILLUSTRÉE DE NOMBREUSES FIGURES

ORIGINE DU LIVRE

AMATEURS
BIBLIOPHILES ET BIBLIOMANES

ÉTABLISSEMENT
D'UNE BIBLIOTHÈQUE D'AMATEUR

CONSERVATION
ET
ENTRETIEN DES LIVRES

PARIS
Édouard Rouveyre, Éditeur
76, RUE DE SEINE, 76

AVERTISSEMENT

L'utilité du recueil de Documents bibliographiques et de Notes critiques que nous présentons au public, pour la cinquième fois, sous le titre de Connaissances nécessaires à un Bibliophile, *a été démontrée par son succès*. En réalité, cette nouvelle édition n'a pour but que de mettre en ordre, pour le profit de tous ceux qu'ils peuvent intéresser, les*

---

* *La première édition parut en 1877 (petit in-8° de 78 pp.), la deuxième en 1878 (petit in-12 de 119 pp.), la troisième en 1880 (petit in-8° de 200 pp.) et la quatrième en 1883 (2 vol. petit in-8° de 200 et 192 pp.).*

nouveaux renseignements que nous avons recueillis et les notes que nous n'avons cessé de colliger depuis quelques années; elle est le résultat de longues recherches; et, ne dévoilant que ce qui existe, elle aura cette influence de développer dans chaque lecteur ce qui est déjà en lui plus ou moins obscurément : tant il est vrai qu'un homme n'est rien par lui-même, qu'il n'est rien tout seul, qu'il n'est quelque chose que par les sympathies qui sont en lui et par celles qu'il réveille dans les autres.

Tenant de Latour a exprimé la pensée qui nous a toujours guidé : « Je ne fais de la bibliographie, disait-il, ni pour les bibliographes de profession, ni même pour les bibliophiles d'une certaine force, mais pour quelqu'un qui en sait à peu près autant que moi, pour des lecteurs disposés à l'indulgence, parce qu'ils en savent un peu moins. »

C'est donc dans le but d'être de quelque utilité à tous, mais plus particulièrement aux nouveaux venus dans le monde des bibliophiles et des amateurs de livres, que notre travail, qui est plutôt l'ouvrage des auteurs que nous avons consultés que le nôtre propre, comprendra, non tout ce qui fait partie du vaste domaine du livre, et qui formerait de nombreux volumes, mais des notices bibliographiques, *anecdotiques et curieuses, et des documents artistiques, sans la connaissance desquels il n'est pas possible de pouvoir se rendre compte de ce qu'est le livre, et de l'intérêt qu'il présente. Un bibliographe, P. Namur, bibliothécaire à l'Université de Liège, écrivait déjà en 1834 :* « *On sent maintenant, plus que jamais, l'importance de l'art de connaître et de classer les livres* * ».

On nous reprochera, peut-être, d'avoir multiplié les illustrations, dont quelques-unes n'interprètent que de loin notre texte, mais toutes sont des reproductions dont nos lecteurs pourront certainement tirer profit; puis, d'y avoir joint quelques copies de figures

---

* *Dans leur remarquable* Rapport présenté à la Conférence Bibliographique Internationale, *Deuxième session*, 2 *et* 4 *août* 1897 : Les Écoles du Livre et la création d'une École du Livre à Bruxelles, *MM. Eugène Lameere et Charles Sury constatent que l'enseignement des matières qui concernent le Livre, considéré au sens strictement objectif du mot, est, depuis quelque temps, empreint d'une véritable actualité. L'Institut international de Bibliographie, dont le siège est à Bruxelles, est appelé à rendre de grands services, et c'est un devoir pour nous que de le signaler à nos lecteurs. Mentionnons qu'un arrêté royal vient d'approuver la création d'un répertoire bibliographique universel comprenant toutes les sciences, et que cet Institut fait appel à la collaboration de tous les spécialistes et leur confère le titre de membres collaborateurs.*

Signalons aussi la fameuse Smithsonian Institution *et ses publications bibliographiques. Ce qu'on ignore, c'est que cette Institution a un service de correspondances, jouant le rôle d'un véritable « Intermédiaire », répondant à toutes les questions littéraires et bibliographiques qu'on lui pose de tous les points des États-Unis.*

Il y arrive annuellement cinquante mille lettres, et elles reçoivent une réponse chaque fois que cela est possible; c'est le professeur Henry qui a fondé ce service il y a une quarantaine d'années.

techniques, c'est que nous les avons jugées d'un très grand intérêt ; peut-être enfin, relèvera-t-on quelques erreurs qui auront pu nous échapper*, mais quel est le livre de bibliographie qui soit exempt de méprises ?

J'ai écrit pour mon plaisir, et je publie pour le plaisir des autres ; et cela si complètement, que je n'ai pas cherché une correction qui ôtât au critique l'envie de mordre, et à mon ami de rire de moi**.

« De tous les livres difficiles à faire, disait Jules Janin, il est convenu qu'un livre de bibliographie est, plus que tous les autres, rempli de périls de toutes sortes. Chaque partie du discours appartient à quelque savant qui n'a jamais appris que cela, lisant peu, mais lisant en conscience (multum non multa); si bien qu'à chaque instant, à chaque page, à tout propos, vous rencontrez un censeur nouveau, frais

---

* ... si un bibliographe rend des services (et non point des arrêts), s'il est à certains égards digne de quelque indulgence, daignez lui savoir gré de ses efforts, et ne lui reprochez pas avec trop d'amertume ses faiblesses, ses oublis, ni même ses erreurs. Cf. Manuel du Libraire et de l'Amateur de Livres. Supplément contenant : 1° Un complément du Dictionnaire Bibliographique de M. J.-Ch. Brunet; 2° La Table raisonnée des articles (au nombre d'environ 10,000, décrits au présent supplément), par MM. P. Deschamps et G. Brunet. Paris, librairie de Firmin-Didot et Cie, 1878, 2 vol. in-8°.

** I wrote to please myself, and I publish to please others; and that so universally, that I have not wished for correctness to rob the critick of his censure, and my friend of the laugh. (Edward Moore, Preface to his Fables.)

émoulu, qui démontre, inévitablement, qu'ici même, à cette place, à tel nom propre, irrévocablement, vous vous êtes trompé. »

Pour traiter une question historique ou bibliographique, on doit nécessairement avoir recours aux auteurs qui ont écrit sur la même matière. Une longue étude des livres de bibliographie allemands, anglais, belges, français, hollandais, etc., nous a permis de suivre, en cela, l'exemple de l'un des doctes continuateurs du Manuel du Libraire et de l'Amateur de Livres, et de mettre à contribution « sans scrupule, mais non sans profit » un grand nombre de ces ouvrages. Parmi les savants, les érudits et les curieux contemporains, français ou étrangers, dont nous avons consulté les travaux paléographiques, diplomatiques, bibliographiques ou bio-bibliographiques et que nous avons analysés lorsqu'ils ne pouvaient entrer dans le cadre que nous avons adopté, il convient de citer :

MM. Jules Adeline, Arsène Alexandre, Archodieff, George Auriol, L. Bastoul, N. Beaurain, Émile Berr, Alfred Bégis, G. Bengesco, Edmond Benoît-Lévy, Henri Beraldi, J. Bierbaum, A. Bléry, Spire Blondel, Paul Bluysen, Ed. Bonnaffé, P. Bonnefon, Henri Bouchot, le docteur Bouland, G. Bourcard, F. Bournon,

Em. Bousquet, Aglaüs Bouvenne, J. Brivois, Victor Champier, Étienne Charavay, le comte de Clapiers, Jules Claretie, Claudin, le baron de Claye (d'Eylac), le comte G. de Contades, Henri Cordier, A. Corroënne, Paul Cottin, Ernest Courbet, Jules Cousin, Pierre Dauze, Armand Dayot, A. Decauville-Lachênée, Georges Decaux, Paul Delalain, Léopold Delisle, J. Denais, F. Deneken, L. Derôme, Pierre Deschamps, Victor Déséglise, Félix Desvernay, Michel Dewey, Léon Dorez, Émile Droit, A. Fernand Drujon, Jean Dumont, Joseph Dumoulin, Georges Duplessis, Alfred Dupré, Dupré-Lasale, Gaston Duval, le Professeur Dziatzko, George Elwall, Charles Ephrussi, Paul d'Estrée, Paul Eudel, W. Fabricius, F. Falk, Ed. Fétis, Fertiault, Anatole France, Alfred Franklin, Frantz Funck-Brentano, Ch. Gariel, P. Gaultier, B.-H. Gausseron, P. Gauthiez, Gustave Geoffroy, Philippe Gille, Paul Ginisty, Ch. Glinel, le docteur A. Graesel, K. E. Graf, John Grand-Carteret, Ed. Grisebach, le vicomte de Grouchy, A. Growoll, L. Gruel, Gabriel Hanotaux, Henry Havard, O. Heuer, Alexandre Hepp, Ed. Heyck, Friedrich Hirth, Henry Houssaye, H. Jadart, Clément Janin, A. L. Jellinek, P. Jessen, D. Jordell, F. Keinz, Paul Kersten, Alphonse Labitte, Paul Lacombe,

La Fontaine, Eug. Lameere, G. Lamouroux, Ch.-V. Langlois, A. Laporte, Lorédan Larchey, Lucien Layus, Émile Leclerc, Abel Lefranc, Le Meignen, Jules Le Petit, Alfred Lichtwark, J. Loubier, Ed. Maignien, Firmin Maillard, Albert Maire, Ch. Malherbe, Marais, Marcheix, Alexis Martin, Henri Martin, F. Mazerolle, Maurice Méry, Georges Monval, Marius Michel, Paul Merwart, Georges Montorgueil, A. Morel-Fatio, Ch. Mortet, Claude Motteroz, Gustave Mouravit, E. Mouton, Mühlbrecht, Eugène Müntz, Ch. Nauroy, H. Omont, P. Otlet, V. Ottmann, G. Paris, L.-G. Pélissier, Eugène Pelletier, Édouard Pelletan, Émile Picot, A. Piedagnel, J. C. Pilling, F. Poppenberg, le baron Roger Portalis, J. W. Powell, B. Prost, A. Quantin, E. Quentin-Bauchart, J. Rais, E. Ramiro, Charles Ravaisson-Mollien, Ph. Renouard, Jules Richard, le duc de Rivoli, Roger Marx, L. Roger-Milès, Natalis Rondot, le baron de Ruble, Charles Saunier, le vicomte L. de Savigny de Moncorps, Gaston Schéfer, Hans Schliepmann, Aurélien Scholl, W. L. Schreiber, Paul Schumann, D. Simonsen, Willem Smitt, le R. P. Sommervogel, Moriz Sondheim, le vicomte de Spoelberch de Lovenjoul, Soleil, H. Stein, Ch. Sury, Paulin Teste, A. Toropoff, l'abbé Tougard, Maurice Tourneux, Octave Uzanne, l'abbé Ch. Urbain, Marius Vachon, Antony Valabrègue, L. Vallée, F. Valois, E. Vandeveld, R. Van der Meulen, W. H. S. Weale, Georges Vicaire, A. Vingtrinier, et tant d'autres que nous aurons souvent l'occasion de citer au cours de notre publication. Chacun, en sa spécialité, s'est acquis des droits à la reconnaissance des bibliophiles; et la nomenclature de leurs travaux constitue un ensemble de ce que Jules Richard appelait les Outils de l'amateur de livres.

Les périodiques français : La Revue des Deux-Mondes ; Le Livre, *qui était dirigé par M. Octave Uzanne, ainsi que* Le Livre Moderne *et* L'Art et l'Idée ; La Bibliographie de la France *; *les* Bulletins *si documentés de nos confrères Damascène Morgand et Charles Fatout, dont les nombreux volumes ont été mis si obligeamment à notre disposition par M. Édouard Rahir, leur collaborateur et leur successeur; la* Revue Biblio-Iconographique *et* l'Index Bibliographique, *publiés sous la direction de M. Pierre Dauze, le* Mémorial de la Librairie Française ; *le* Bulletin du Bibliophile et du

---

* *Il serait à désirer que la* Chronique *de cette publication renfermât de ces notes si utiles aux libraires et aux éditeurs de livres, telles que celles qui y étaient rédigées (il y a de nombreuses années) par M. Beuchot, et par lesquelles cet érudit bibliographe signalait de nombreux faits peu connus. C'est à M. Beuchot que l'on doit la curieuse notice publiée dans le* Journal de la Librairie, *sur l'édition* cartonnée *des* OEuvres de Molière. Paris, 1682, 8 vol. in-12.

Bibliothécaire ; *les* Archives *de la Société française des Collectionneurs d'Ex-Libris ;* l'Art et Décoration, *Revue d'Art moderne ; la* Revue des Industries du Livre ; *les* Miscellanées Bibliographiques, *que nous avons publiées il y a quelques années ; la* Gazette des Beaux-Arts ; *la* Revue de l'Art Ancien et Moderne ; *la* Revue populaire des Beaux-Arts ; *le* Bulletin de la Presse ; *l'*Intermédiaire des Chercheurs et Curieux ; La Fonderie typographique ; *le* Bulletin de la Chambre syndicale des Imprimeurs Typographes, *qui a pour rédacteur M. Léon Degeorge ; la* Revue des Arts graphiques *dont M. Paul Bluysen est le rédacteur en chef et M. Émile Leclerc, un de ses collaborateurs, l'auteur d'un* Nouveau Manuel complet de Typographie ; La Nature, *ce recueil dans lequel il y a de tout, à doses savamment mesurées, dans un ordre et avec une clarté extrêmes ; et enfin* Le Magasin Pittoresque, *bien âgé, certes, mais que son directeur actuel, M. Charles Formentin, maintient en bon « état », attentif aux progrès du jour, commente et « illustre » d'une façon qui fait encore de cette publication l'un des meilleurs recueils ; nous ont fourni des renseignements d'un grand intérêt. Nous avons également consulté plusieurs périodiques*

*étrangers, artistiques et bibliographiques, au nombre
desquels nous citerons, classés par ordre alphabétique :*
1° *Publications allemandes :*
Bibliographischer Anzeiger *für romanische Spra-
chen und Literaturen, herausgegeben von E. Ebering.*
— Centralblatt für Bibliothekswesen, *herausgegeben
von O. Hartwig und K. Schulz.* — Neuer Anzeiger
für Bibliographie und Bibliothekwissenschaft...,
*herausgegeben unter verantwortlicher Redaction von
Dᴿ Julius Petzholdt (Suite de :* Anzeiger für Literatur
der Bibliothekwissenschaft, *et de :* Anzeiger der
Bibliothekwissenschaft, 1845-1855). — Publika-
tionen des Börsen-Vereins *der deutschen Buch-
händler.* — Zeitschrift für Bücherfreunde, *Monats-
hefte für Bibliophilie und verwandte Interessen*.*
2° *Publications américaines :*
The American bookseller *devoted to the interests
of the book, stationery, news and music trades.* —

---

* *Die* Zeitschrift für Bücherfreunde *wird allen Gebieten der
Bibliophilie und den ihr verwandten Interessenkreisen eingehende
Berücksichtigung zuwenden : den typographischen und litterarischen
Seltenheiten und Kuriositäten aller Zeiten und Länder, den berühmten,
kostbaren und originellen Einbänden, dem Papier und den Wasser-
zeichen, dem Schrift- und Buchwesen fremder Völker, den handschrift-
lichen Eintragungen, Autographen, Ex-libris und Druckerzeichen, dem
künstlerischen Bücherschmuck, den grossen öffentlichen und privaten
Sammlungen, der litterarhistorischen und bibliographischen Forschung,
dem Bibliotheks-, Zeitungs- und Plakatwesen, dem Auktionsmarkt und
der Antiquariatswelt, u. s. w.*

The Library Journal, *official organ of the library of America and of the United Kingdom*. — The Publisher's Weekly *and the library journal** — *The* Public Libraries, *published by the Library Bureau of Chicago*. — The American Bookmaker. — The Collector.

3° *Publications anglaises :*

The Antiquarian Magazine *and bibliographer, and* The Library Chronicle. — The Publisher's Circular. — *The* Book Circular, *published by Williams and Norgate*. — Notes and Queries. — The Studio, *An Illustrated Magazine of Fine and Applied Art.* — The journal of the Ex-Libris Society. — The British Bookmaker.

4° *Publications autrichiennes :*

Oesterreichische Buchhändler-Correspondenz. — Die graphischen Künste.

5° *Publications belges :*

La Revue Graphique Belge. — Les Annales du Bibliophile belge. — Bibliographie de Belgique, *journal officiel de la librairie.*

6° *Publications espagnoles, hollandaises, italiennes,*

* *The managing editor of the Publisher's weekly, M. A. Growoll, is the author of « The Profession of Bookselling : a handbook of practical hints for apprentice and bookseller », « A Bookseller's Library », « Book-trade Bibliography in the United States in XIXth Century », etc.*

russes et suédoises : Boletin de la Libreria. *Madrid.*
Bibliographische Adversaria. *'S Gravenhage.* Neder-
landsche Bibliographie. *'S Gravenhage.*—Annuario
della Libreria e Tipografia *e delle belle arti affini in
Italia pubblicato….* Milano.—Bibliografia Italiana,
*giornale dell' associazione tipografico-libreria ita-
liana….* Milano.—Rossiiskaïa Bibliografia, *viéstnik
rousskoï petchati (Bibliographie russe, messager de
l'imprimerie russe). Saint-Pétersbourg.* — Compte
rendu de la Commission impériale Archéolo-
gique…. *Saint-Pétersbourg.* — Arskatalog for
svenska Bokhandeln. *Stockholm.*

*Nous ajouterons à cette liste déjà longue, mais
intéressante par les indications qu'elle fournit, celle
de quelques autres publications bibliographiques
étrangères, dans lesquelles nous avons également
recueilli plusieurs documents :*

Annaes da Bibliotheca nacional *do Rio de Janeiro,
publicados sob a direcção do bibliotecario Dr B. F.
Ramiz Galvão. Rio de Janeiro.* —Annuario Biblio-
gráfico *de la Republica Argentina. Director : Alberto
Navarro Viola. Buenos Aires.*—Bibliographie und
literarische Chronik *der Schweiz. Genève.* —
Bibliografia Romana, *buletin mensual al librariei
generale di România…Editor Degenmann. Bucuresci.*

– Przewodnik Bibliograficzny *miesiecznik... wida-wany przez Dra Wladyslawa Wislockiego. Kraków.*

— Urbánkův vestnik bibliograficky, *mesiĕnik pro rozhled u literature, hudbe a umeni, Redaktor Fr. A. Urbánek. Praze.*

Toutes ces publications bibliographiques, littéraires et artistiques, ainsi que les nombreuses notes de Gabriel Peignot et de J.-M. Quérard, que M. Gustave Brunet avait bien voulu nous communiquer; les maté-riaux, plus nombreux encore, que M. Paul Lacroix, dont nous avons eu l'honneur d'être un des édi-teurs, nous avait remis; les notices pour la plupart instructives et intéressantes, des catalogues à prix marqués et des catalogues de vente* que ceux de nos

---

* *Ce n'est que vers le commencement du XVIII*e *siècle que des libraires instruits se sont occupés à faire des catalogues raisonnés : avant cette époque, les bibliothèques ne se vendaient point par catalogue, des libraires s'entendaient pour acheter, en commun, ces collections; puis, se les distribuant au plus offrant, nécessairement le prix d'acquisition doublait, et il n'y avait ni ordre, ni méthode, ni même bonne foi dans ces procédés purement mercantiles; mais depuis que les libraires anti-quaires bibliognostes ont formé le goût du public pour les livres, par de bons catalogues bien faits et bien raisonnés, le commerce de la librairie a été dégagé de l'ignorance et du vil intérêt qui le caractéri-saient; le goût des belles éditions s'est propagé, et l'on a, de tous cotés, monté des cabinets et des bibliothèques particulières.*

La Bibliognosie signifie la connaissance historique des livres et celle de leurs parties intrinsèques. Pour devenir profond bibliognoste, il faut joindre à un travail prodigieux beaucoup de goût et de discernement; il faut parcourir les bibliothèques et chercher dans la poussière de plusieurs siècles des monuments quelquefois infiniment précieux. Il n'existe point de science plus étendue que la bibliognosie. C'est un pays immense où l'homme le plus érudit peut toujours trouver quelques

*confrères en bibliopolisme de la France et de
l'étranger, qui seront cités soit au cours, soit à la
fin de notre travail, nous ont autorisés à reproduire, ont été pour nous d'un grand concours; et
c'est avec plaisir que nous le constatons.*

*« Sans se rendre compte, écrivait M. Thomas
Brunton*, que pour traiter convenablement une
question avec le concours des ouvrages des autres, il
faut un travail de perfectionnement qui donne la
vérité par l'expérience comparative et en même
temps la substance des œuvres consultées, obtenant
ainsi la concentration de l'utile au lieu des longueurs
dont se composent les publications d'un intérêt
général, on a souvent dit et répété que les livres se*

*nouvelles terres à défricher. La Bibliographie est la science qui consiste
à connaître les livres, à les bien décrire et à les classer méthodique-
ment : c'est la science d'un libraire instruit. On peut mettre la Bibliographie au niveau des autres sciences, et ne pas tout à fait la confondre
avec les aptitudes exigées pour bien tenir une boutique de libraire. La
connaissance des livres abrège de moitié le chemin de la science, et
c'est déjà être très avancé en érudition que de connaître exactement les
ouvrages qui la donnent. Si c'est au savant, qui fait une étude particulière d'une classe, à donner au public le fruit de son travail, c'est
au libraire bibliognoste, qui embrasse toutes les différentes classes, à
l'aider dans ses recherches, en lui procurant et surtout en lui ensei-
gnant les sources où il peut puiser. Nous ajouterons que, sans contredit,
le facteur le plus important de la vente des livres au public est le
libraire intelligent qui sait en faire valoir tous les mérites auprès de
sa clientèle.*

** Esquisses morales et littéraires. Réminiscence des études, définition
de l'esprit, du goût, des sensations qui s'y rattachent et qui composent
la vie intellectuelle, religieuse, morale et littéraire. Coup d'œil rapide
sur les sciences, par Thomas Brunton. Paris, 1874, in-4°*

font avec les livres et que rien n'est plus facile que de copier. Mais, pour rendre utiles tous les matériaux rassemblés en vue d'une publication spéciale, avoir de la justesse dans l'esprit et ramener toutes ses pensées sur un même sujet, préciser toutes les opinions, quel est le fond et la forme que l'on doit adopter, il faut s'éclairer de toutes les divergences, de toutes les critiques, et ne publier que ce qui a un intérêt indiscutable pour créer un livre substantiel. Il ne s'agit plus seulement de copier, il faut du discernement, du goût, du travail et de l'expérience*. »

Dans son Recueuil de la Langue et Poésie françoises, *Claude Fauchet écrivait : « Il n'y a si pauvre autheur qui ne puisse quelquefois servir, au moins pour le tesmoignaige de son temps ». Nous pouvons y ajouter ce que Estienne Dolet disait en parlant de ses livres : « Ce sont eulx qui donneront tesmoignaige que je n'ay vescu en ce monde comme personne otieuse et inutile ».*

En résumé, si nos Connaissances nécessaires à un Bibliophile *apportent, elles aussi, en cette fin*

---

* *Huet prétendait, non sans raison, que tout ce qui a été écrit depuis l'origine du monde pourrait tenir dans quelques volumes, les détails de l'histoire exceptés, si chaque chose n'avait été dite qu'une fois. On a donc lieu de croire que s'il n'y avait dans les livres que des choses originales, nouvelles, et une fois dites, la vie ordinaire de l'homme serait assez longue pour les lire tous.*

d'un siècle qui a été par excellence le siècle de la curiosité, quelques témoignages de la faveur en laquelle tout ce qui intéresse le livre est tenu, nous serons récompensé du temps que nous avons pris sur celui réservé à nos travaux d'éditeur, et nous aurons conscience d'avoir été de quelque utilité à tous ceux qui auront bien voulu nous lire.

Paris, 28 Février 1859.

Léonard Rouveyre

Fig. 1. — Fresque dans l'ancienne *librairie* du chapitre de la cathédrale de Puy-en-Velay.

ORIGINE DU LIVRE
LES AMATEURS, LES BIBLIOPHILES ET LES BIBLIOMANES
ÉTABLISSEMENT D'UNE BIBLIOTHÈQUE D'AMATEUR
CONSERVATION ET ENTRETIEN DES LIVRES

Comme toute chose, il faut loger, soigner et entretenir les livres d'une manière judicieuse et utile : la maison ou les pièces qui les renferment, l'armoire ou le meuble qui les contiennent, les rayons sur lesquels on les pose, sont désignés sous le nom de bibliothèques.

Il est d'autres définitions que nous devons indiquer, parce qu'elles sont prises dans un sens abstrait. Ainsi une collection d'œuvres diverses publiées dans un format unique et sur un plan typographique constant, portera le nom de bibliothèque, telles : *Bibliothèque elzévierienne, Bibliothèque de poche*; une revue ou un périodique embrassant une série d'études déterminées, comme la *Bibliothèque de l'École des Chartes*, la *Bibliothèque universelle et Revue Suisse*, seront rangés sous le même terme; enfin, une œuvre de longue haleine, traitant de matières semblables et comprenant un ou plusieurs volumes, sera dénommée de même : *Bibliothèque historique de la France*, avec notes critiques, par le P. Jacques Le Long, *Bibliothèque des auteurs de Bourgogne*, en sont des exemples.

Tous les peuples de l'antiquité possédaient des bibliothèques*, et l'on sait l'importance qu'ils y attachaient lorsqu'on voit le roi égyptien Osymandias faire graver ces mots sur la porte de la bibliothèque sacrée qu'il avait placée dans son immense palais de Thèbes : « Remède des maux de l'âme », pensée profonde que Montaigne a exprimée ainsi : « Cettuy cy costoye tout mon cours, et m'assiste partout; il me console en la vieillesse et en la solitude; il me descharge du poids d'une oysifveté ennuyeuse, et me desfaict à toute heure des compaignies qui me faschent**. »

Parmi les bibliothèques célèbres, nous citerons celle d'Alexandrie, anéantie lors de la prise de cette ville

---

* Les plus anciens monuments écrits que l'on possède ont été tracés sur bois. Une inscription gravée sur une planche de sycomore provenant du cercueil du roi Mycerinus, cercueil trouvé en 1857 dans la troisième des pyramides de Memphis, remonte à cinq mille neuf cents ans. — Vers le milieu du Ier siècle de notre ère, il existait à Athènes, dans le Prytanée, quelques débris des tables de bois (*axones*) sur lesquelles, quatre cents ans auparavant, Solon avait écrit ses lois. Ces tables, jointes en forme de prismes quadrangulaires et traversées par un axe, furent d'abord dressées perpendiculairement dans la citadelle, où, tournant au moindre effort sur elles-mêmes, elles présentaient successivement le code entier des lois aux yeux des spectateurs.

** Cf. Edit. Le Clerc.

par Omar en 640*; celle de Pergame, fondée par
Eumènes, a eu, elle aussi, son heure de célébrité. Strabon affirme qu'elle existait encore du temps de Tibère.
Le peuple grec, qui a élevé à un si haut degré les
arts et la civilisation, ne pouvait manquer d'avoir
des bibliothèques. On dit que Polycrate fut un des
premiers à fonder une bibliothèque à Samos, et Pisis-
trate à Athènes. Celle de Cnide, composée presque
exclusivement de livres de médecine, avait une répu-
tation très justifiée. La plupart des philosophes, des
historiens et autres savants grecs possédaient une
ou plusieurs bibliothèques; ainsi Aristote, Euripide,
Euclide, avaient la leur.

Dans la maison que l'on appelle *Villa des Pisons*, à
Herculanum **, au milieu d'un cabinet d'environ trente

---

* En 640, la ville d'Alexandrie fut prise après un siège de
treize mois, et, suivant une tradition populaire (mais fort
discutable), les vainqueurs livrèrent aux flammes la bibliothèque
de cette ville. L'Arménien Abulfaradge, historien et médecin
arabe, de la secte des chrétiens jacobites, qui mourut évêque
d'Alep en 1286, raconte (*Histoire dynastique,* liv. IX) qu'un grammairien d'Alexandrie, nommé Jean Philoponus, entra en négo-
ciations avec le général arabe Amrou-ben-Alas, pour sauver la
bibliothèque d'Alexandrie; qu'Amrou était disposé à satisfaire
le grammairien, mais que sa scrupuleuse intégrité l'engagea
à demander au khalife Omar ce qu'il devait faire. Omar aurait
répondu : « Si les écrits des Grecs sont d'accord avec le Coran,
ils sont inutiles, et il ne faut pas les garder; s'ils s'en écar-
tent, ils sont dangereux, et on doit les brûler. » Cet arrêt
aurait été exécuté avec une aveugle soumission : les volumes
furent distribués, dit l'historien, aux quatre mille bains de la ville;
et, tel était leur incroyable nombre, qu'on en chauffa les bains
pendant six mois entiers. — Cf. : *Dissertation historique sur la
bibliothèque d'Alexandrie,* par M. BONAMY. Académie des Inscriptions et Belles-Lettres, 1731, IX (M), 397. — RITSCHL : *Die Alexan-
drinischen Bibliotheken unter den ersten Ptolemäern,* Breslau, 1838.

** Plusieurs des bibliothèques découvertes dans les ruines
d'Herculanum étaient garnies de casiers numérotés renfermant

mètres carrés, il y avait une armoire isolée, et les murs étaient garnis d'autres armoires qui s'élevaient à hauteur d'homme, d'où l'on a tiré plusieurs milliers de rouleaux de papyrus, des copies d'ouvrages anciens, dont un grand nombre est publié. On a pu lire le nom

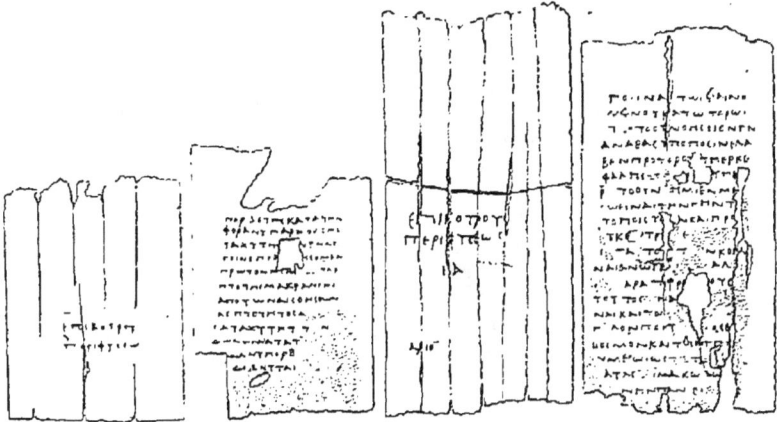

Fig. 2. — Fragments d'Épicure trouvés à Herculanum.

des auteurs de ces volumes, que l'on catalogue ainsi : Onze volumes d'Épicure, faisant partie du traité Περὶ Φύσεως (sur la Nature), qui était divisé en trente-sept

des livres roulés — *volumen*, de *volvere* — comparables aux rouleaux qui existent chez les marchands de papiers peints. Ces casiers sont désignés dans Pline le Jeune sous le nom d'*armaria*, dans Sénèque sous celui de *loculamenta*, dans Martial sous celui de *nidi*, dans Juvénal, enfin, sous celui de *foruli*. Chacune des cases, dans les bibliothèques trouvées à Herculanum, a un mètre environ de long. C'est le format des volumes, disposés de manière à présenter aux yeux une tranche ornée d'une carte, *pittacium*, sur laquelle était inscrit le titre de l'ouvrage. Comme son congénère moderne, le bibliophile romain était prodigue et justifiait les imprécations de la morale stoïcienne. On lit dans Boëce la description d'*armaria* plaqués d'ivoire, de verre, substance qui était alors précieuse, et de métaux encore plus rares. Il y avait des catalogues, au dire de Quintilien : « Il n'est personne, dit-il, quelque étranger qu'il soit à la poésie, qui ne puisse prendre dans une bibliothèque et insérer dans ses ouvrages le catalogue des poètes ».

livres ; cinq volumes de Démétrius, sur la Géométrie ;
deux volumes de Polystrate, le troisième dans la
succession des chefs de l'école épicurienne, sur la

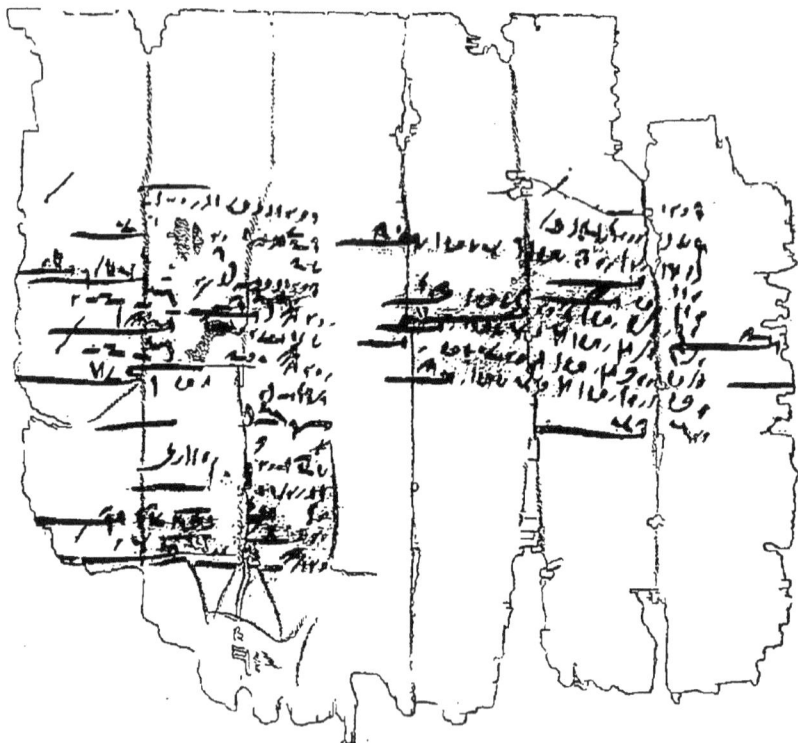

Fig. 5. — Fragment de papyrus.

Morale ; deux volumes de Colotès, disciple connu
d'Épicure, sur l'*Isis de Platon*; un volume de Chrysippe
sur la Providence ; un volume de Carniscus, quarante-
trois volumes de Philodème sur la Musique et sur la
Rhétorique, deux volumes de Phœdrus, ami de Cicéron,
sur la Nature des Dieux*. En livres, comme en art,

* Il a été recueilli, comme témoignage de l'existence de livres à
Pompéi, des lettres restées sur les cendres d'une chambre où

comme en civilisation, Rome s'est enrichie par voie de conquête. Sylla s'empara de la bibliothèque d'Apellicon, Paul-Émile enleva celle de Persée. Un grand nombre de particuliers avaient de fort belles collections de livres ; leurs bibliothèques s'accroissaient surtout par la copie des œuvres des savants grecs, historiens, rhéteurs, tragiques ou poètes. Afin de posséder plusieurs exemplaires d'un ouvrage facile à collectionner, on plaçait dans une même pièce plusieurs copistes habiles qui écrivaient sous la dictée d'une seule personne.

Les matériaux qui se sont présentés aux inventeurs de l'écriture ont dû être la pierre, le bois* et les métaux qui convenaient à cet art, tant qu'il a été hiéroglyphique ou symbolique. Les deux tables de pierre sur

un volume était tombé. Le papyrus était entièrement consumé, et il n'en existait plus de trace, tandis que les lettres, écrites avec une encre contenant quelque substance minérale, se sont conservées intactes et chacune à sa place sur la cendre durcie, comme serait le report d'un dessin photographique. Ce fragment de cendre durcie se trouve aujourd'hui dans le cabinet des papyrus du Musée de Naples.

* A Rome, dit Géraud dans son *Essai sur les livres dans l'antiquité,* avant l'usage des colonnes de bronze, les tables étaient gravées sur des planches de chêne qu'on exposait dans le forum. Les annales des pontifes, où l'on inscrivait jour par jour les principaux événements de l'année, étaient écrites probablement à l'encre noire sur une planche de bois blanchie avec de la céruse et qu'on appelait *album.* Cette planche était exposée devant la maison du pontife, et des peines sévères étaient portées contre celui qui aurait osé l'enlever ou la changer, en raturer ou en altérer le texte. Les annales des pontifes cessèrent vers l'an 633 de Rome (120 ans av. J.-C.), mais l'usage de l'album se maintint longtemps encore, puisque nous trouvons dans le Code Théodosien des lois publiées sur une table enduite de céruse. Le bois était encore en usage pour les actes privés ; un passage du *Digeste* prouve que les testaments étaient parfois écrits sur des tablettes de bois.

lesquelles les commandements étaient inscrits nous en fournissent une preuve ; elles datent de deux mille cinq cent treize ans après la création. Les plus anciens livres chez les Romains étaient nommés *tabulæ*, parce qu'ils étaient formés de planches. Les œuvres d'Hésiode étaient gravées sur des feuilles de plomb ; les habitants de la campagne voisine de l'Hélicon surent les conserver jusqu'au temps de Pausanias, malgré l'altération progressive du métal.

D'après l'histoire, nous savons que le prophète Ezéchiel et Solon étaient contemporains, environ six cents ans avant Jésus-Christ, et que les rouleaux doivent avoir été en usage à cette époque, puisque Ezéchiel en parle dans ses prophéties. Cependant, il est probable que les tables de pierre ou de bois, ou les tablettes, étaient, en général, plus communément employées tant chez les juifs que chez les païens.

L'usage des matériaux pour l'écriture devait appartenir à l'art du graveur plutôt qu'à celui de l'écrivain ; et quand nous voyons que l'Ancien Testament était écrit sur la pierre avec un style de fer ou une pointe de diamant, il faut comprendre qu'il y était gravé et non pas écrit, suivant le sens propre de ce mot ; dans la suite, on imagina d'écrire sur des feuilles de palmier *.

Les anciennes sibylles avaient coutume d'écrire leurs oracles sur des feuilles, et les juges de Syracuse, en Sicile, écrivaient sur celles de l'olivier les noms des

---

* Pierre de la Valle, qui voyageait aux Indes il y a deux cents ans, rapporte que les brahmines indiens écrivaient sur des feuilles de palmier, et qu'ils lui firent présent d'un livre fait de ces feuilles.

individus qu'ils condamnaient à l'exil. Les anciens em-
ployaient des tablettes de toutes sortes de bois, et
particulièrement le buis. Ils le coupaient en petites
lames unies, en réunissaient quatre ou cinq pour former

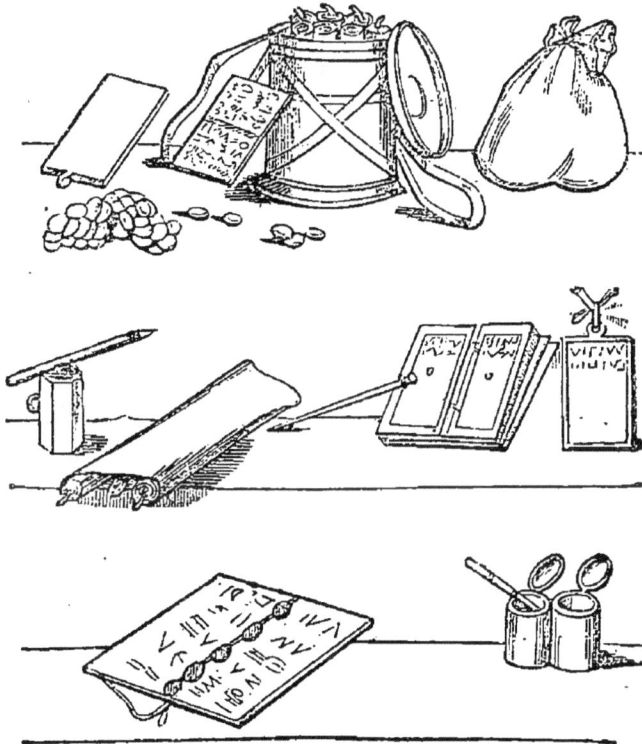

Fig. 4 à 12. — Capsa contenant plusieurs volumina.
Tablettes, styles et écritoires découverts à Herculanum et à Pompéi.

le livre et, après y avoir mis un enduit de cire, ils
écrivaient dessus avec un instrument appelé style. Ces
tablettes furent en usage chez les juifs, au temps de
Salomon, qui apprenait à son fils à s'en servir pour
écrire ses préceptes, et le prophète Habbacuk reçut
l'ordre d'écrire ses visions sur des tables unies, afin de

les faire lire au peuple. Après les tablettes de bois, on fit les livres avec le papyrus et avec des peaux de bêtes préparées pour cet usage. A l'époque où Alexandre faisait bâtir la ville d'Alexandrie, l'emploi du papyrus pour l'écriture était déjà connu dans ce pays, et cette invention prévalut sur tous les autres moyens usités jusqu'alors. Aussi, lorsque Ptolémée Philadelphe conçut l'idée de former une grande bibliothèque, il ordonna que tous les livres en seraient écrits sur cette espèce de papier; on s'en servit aussi dans d'autres contrées, jusqu'à ce qu'Eumènes, roi de Pergame, voulant y ériger une bibliothèque supérieure à celle d'Alexandrie, et ayant fait faire des demandes considérables de papyrus, Ptolémée, pour renverser ses projets, défendit la sortie de cette matière. Les peaux de bêtes préparées vinrent au secours d'Eumènes; et c'est de là que le parchemin fabriqué à Pergame fut nommé *pergamen*. Les Égyptiens donnèrent à leur papyrus le nom de *biblos*. C'était une plante aquatique, à tige unie, environnée d'une grosse touffe (voir figures 13 à 15), dont on faisait sécher l'écorce, et qu'on réduisait en feuilles, en la mettant dans l'eau avec une colle préparée. De là est venue l'expression latine *liber*, pellicule entre l'écorce et le bois d'un arbre, et dont on a fait ensuite le mot *livre*.

L'usage du papier d'Égypte ayant encore duré quelque temps, on découvrit en Orient la manière d'en fabriquer un autre, qui fit peu à peu renoncer au premier. Il était généralement employé il y a huit cents ans; et, un siècle après, il fut tout à fait abandonné. On ne sait pas au juste par qui, ni où le papier de chiffons a commencé à être employé, mais plusieurs

écrivains conviennent qu'il fut introduit en Europe au
XIVᵉ siècle. Ce fut sous le règne de Philippe de Valois,
vers 1340, que les manufactures de papier s'établirent
en France; les premières furent celles de Troyes et
d'Essonnes.

Nos livres modernes diffèrent beaucoup, pour la forme,
de ceux des Anciens, dont le nom *volumen* indique qu'ils
étaient roulés, du verbe latin *volvere**. Les feuilles en
étaient collées, bout à bout, et écrites ordinairement
d'un seul côté. On fixait la dernière feuille sur un bâton
rond (*umbilicus*), qui servait à rouler le livre comme
nous faisons aujourd'hui pour les cartes géographi-
ques. Ces sortes de livres étaient de la plus grande incommodité, en ce qu'il fallait les dérouler en entier
pour pouvoir lire un passage qui se trouvait à la fin**.

Dans les premiers âges, où l'on n'écrivait que sur la
pierre ou les métaux, les instruments qui servaient pour
cet usage devaient être analogues à ceux des gra-
veurs; et, nous ferons remarquer que, dans le livre de
Job, il est fait mention des plumes de fer, c'est-à-dire
d'un outil à graver. Par la suite, l'usage des tables de
bois enduit de cire ayant été adopté, on employa une
espèce d'aiguille d'acier, de cuivre ou d'os, que les

---

* Cf. Note des pages 5 et 4.

** Certains *volumina* avaient une longueur de près de vingt
mètres. Au moyen âge, nous retrouvons cet usage, assez rarement il est vrai : Leroux de Lincy (Bibliothèque de l'École des
Chartes, tome V) mentionne un exemple assez remarquable d'un
livre de dévotion, du XIVᵉ siècle, écrit sur un rouleau de parchemin. Ce livre, qui faisait partie de la bibliothèque de Charles
d'Orléans, à Blois, est mentionné sous le titre suivant dans le
catalogue de cette collection : « *La vie de Nostre-Dame*, toute
historiée, en un roule de parchemin, couvert de drap d'or, en
françois ».

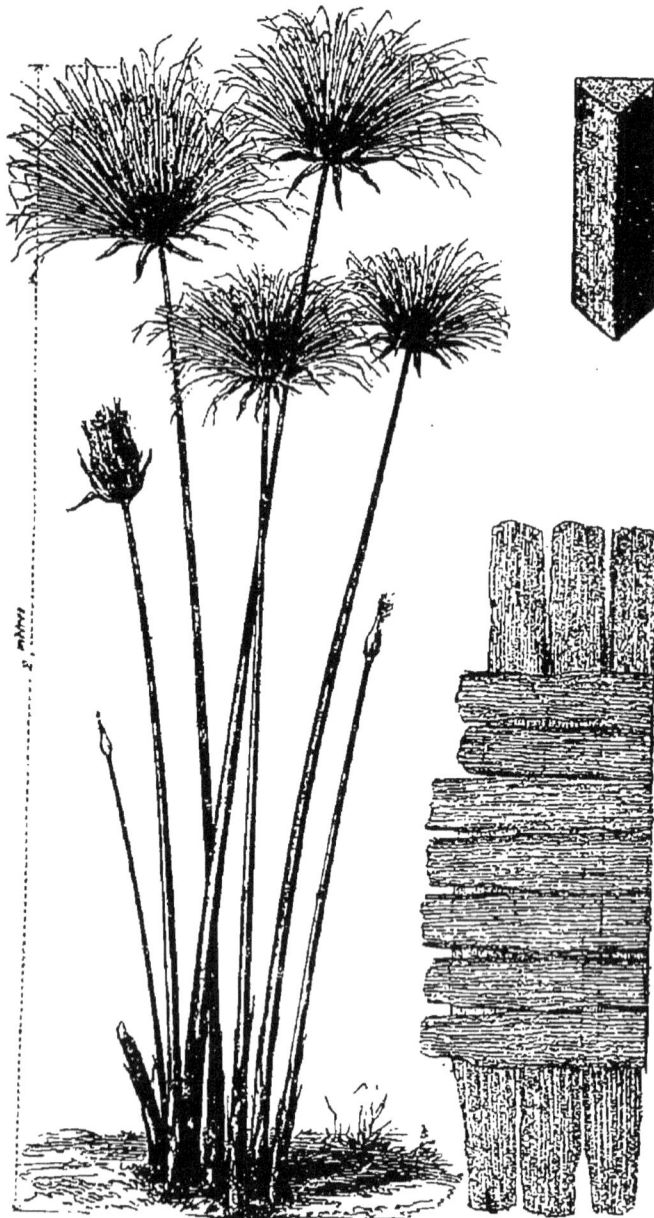

Fig. 13 à 15. — Souchet papirier — *Cyperus Papyrus.*
(Linn : *Spec.* 135.)

A droite { En haut : Coupe horizontale d'une tige de papyrus.
{ En bas : Écorce réduite en feuille.

Romains nommaient style et les Grecs *graphium*. Ainsi que nous l'avons dit plus haut, on écrivait sur le côté des tablettes enduit de cire, et, quand on avait à les envoyer, on les attachait ensemble avec un fil et l'on

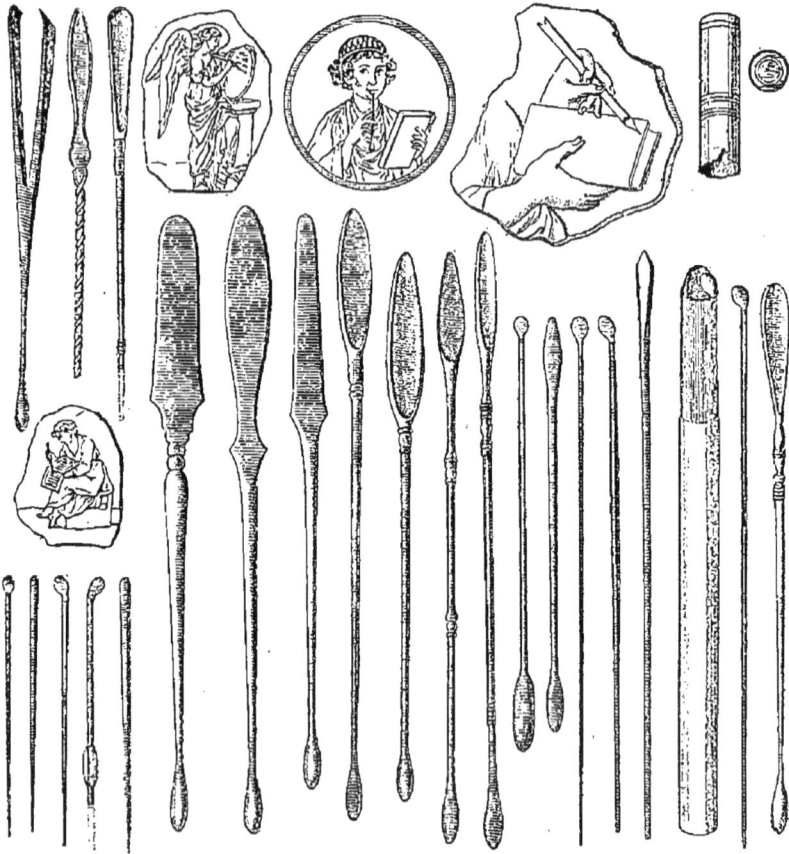

Fig. 16 à 45. — Formes des styles employés par les Grecs.

appliquait un sceau sur le nœud. Le style était façonné comme une aiguille par celle des extrémités qui servait pour l'écriture, l'autre bout était aplati en forme de spatule, pour effacer et corriger. De là le *sœpe stylum vertas* d'Horace, retournez le style, c'est-à-dire effacez

sans cesse. — « Esclave, dit Properce qui a perdu ses
tablettes, cours vite afficher sur quelques colonnes la
récompense que je propose, et n'oublie pas d'y ajouter
que ton maître habite aux Esquilies. »

1, puer, et citus hæc aliqua propone columna,
Et dominum Esquiliis scribe habitare tuum*.

Comme le style pouvait devenir une arme dangereuse
dans les mains de gens querelleurs, on cessa bientôt de
le faire en acier, et l'on se borna à l'os et à l'ivoire.

Un chevalier romain ayant fait périr son fils sous le
fouet, la populace s'empara de lui dans le forum et le
tua à coups de styles, malgré l'intervention de l'empereur lui-même. Prudentius fait la peinture des affreux
tourments qu'éprouva Cassanius de la part de ses
écoliers armés de styles, dont ils se servaient pour
apprendre à écrire**.

Quand on adopta, pour écrire, des matériaux moins

* PROPERCE, vers sur la perte de ses tablettes, III, xxiii. Les
Esquilies étaient un quartier de Rome situé sur les versants
du mont Esquilin. C'est là que demeuraient Properce et Horace.
** Jules César, quand il fut assassiné, se défendit avec son style,
et perça d'outre en outre le bras de Casca : Chifflet mentionne
plusieurs exemples de gens qui ont été tués à coups de style.
Dans les reproductions que nous en donnons, figures 58 à 66,
une chose est à remarquer dans cet instrument, c'est qu'à la surface
du côté, il y a plusieurs petites croix bien formées. Quelques
auteurs pensent que ce pourrait être un présent que sainte
Geneviève aurait fait à Childéric. Ils se fondent sur ce qui est
dit dans sa vie, donnée par Bollandus, que le roi Childéric,
quoique Gentil, avait pour sainte Geneviève une si grande véné-
ration, qu'ayant un jour résolu de faire tuer plusieurs captifs, il
leur conserva la vie à sa considération et à sa prière. Il y a bien
plus d'apparence que Childéric, qui était en guerre avec les
Chrétiens, roi d'une nation accoutumée au pillage, ait trouvé
cette boucle parmi les dépouilles, ou que quelqu'un qui l'avait
eue en partage la lui ait offerte. Il pourrait bien se faire aussi

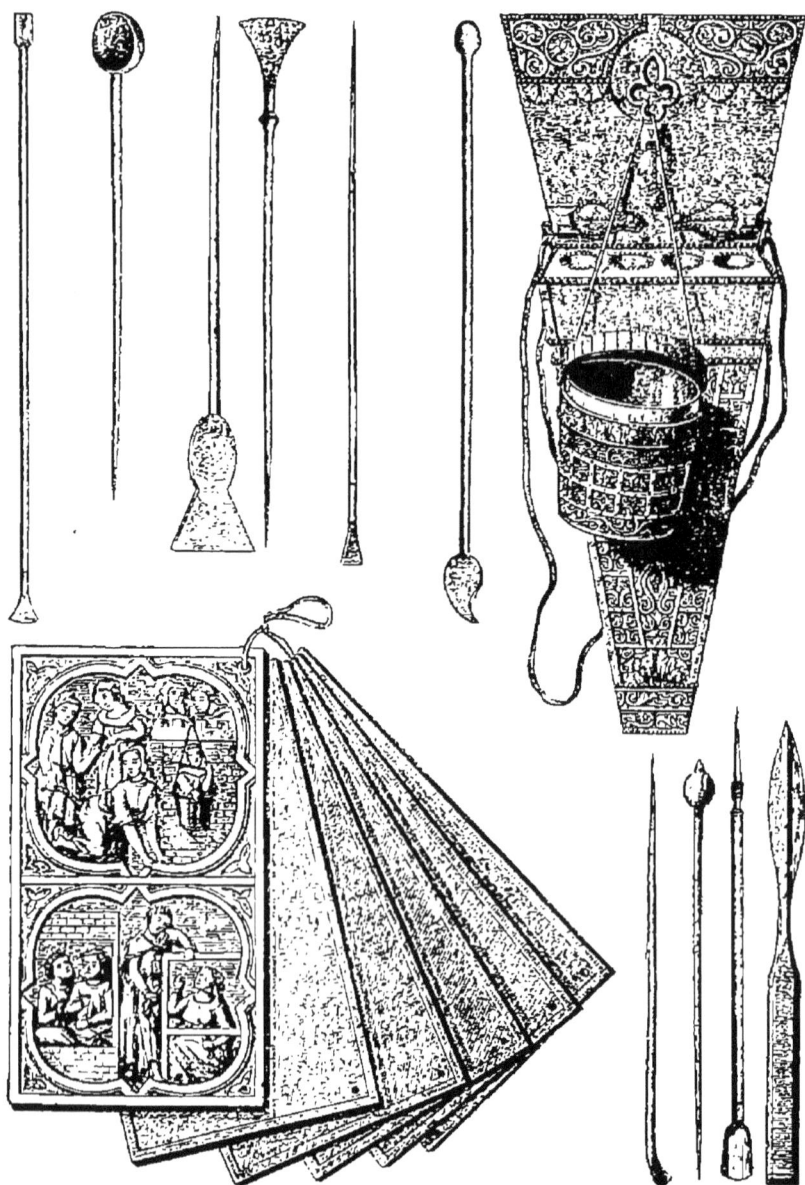

Fig. 46 à 57. — Styles, écritoire, capsa et tablettes en usage chez les Romains.

durs que la pierre et les métaux, et qu'on employa la
seconde écorce des arbres, les feuilles de palmier, les
peaux ou enfin le papier d'Égypte, il fallut avoir d'autres instruments que le style. Les joncs ou les roseaux
y furent d'abord substitués, et amenèrent ensuite l'usage

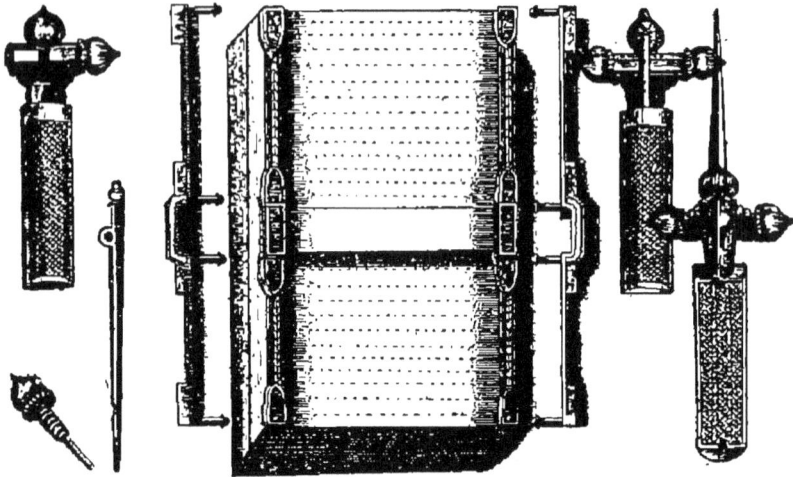

Fig. 58 à 66. — Tablettes et styles trouvés dans le tombeau de Childéric.

des plumes d'oie, de corbeau, de coq, etc. Les plumes
d'oie ont été d'un usage fréquent dans toute l'Europe,
excepté en Turquie, où l'on avait l'habitude des
petits roseaux. Les Persans écrivaient avec un petit ro-
seau de l'Inde, et les Chinois avec des pinceaux.

Les Anciens composaient leur encre avec des ingrédients de différentes couleurs. Leurs lettres étaient

que ces croix ne soient pas une marque de christianisme,
mais un pur caprice de l'ouvrier, qui, pour ne pas laisser
les losanges vides, aurait mis, pour les remplir, cette figure
qui paraît la plus propre à cela. Le grand nombre qui s'y
voit fait croire que ce n'était qu'un simple ornement. Plus
de cinq cents ans avant Jésus-Christ les Égyptiens avaient des
croix sur leurs monuments.

roulées en forme de volumen. La suscription placée en tête portait d'abord le nom de l'écrivain au nominatif, puis, au datif, le nom de la personne à qui la lettre était adressée, accompagné d'une ou deux épithètes. Souvent, pour rappeler certaines personnes au souvenir de celle à laquelle on écrivait, on faisait figurer leurs noms dans la suscription. Cicéron, écrivant à Tiron, joignait à son propre nom, dans la suscription de ses lettres, tantôt les noms de sa mère, de sa femme et de sa fille, tantôt ceux de son frère et de son neveu.

Tous les peuples de l'antiquité possédaient leurs *curieux* d'autographes : la reine Atossa, reine de Perse, cataloguait un recueil d'autographes*. Apellicon de Téos, péripatéticien plus bibliophile que philosophe, au dire de Strabon**, homme riche qui vivait au commencement du premier siècle avant notre ère, se glorifiait des manuscrits d'Aristote et de Théophraste, par lui achetés des héritiers d'un certain Nélée, qui les avait longtemps laissés pourrir dans une cave, à Scepsis en Troade.

Dans sa lettre*** à Macer, sur la manière de travailler de Pline l'Ancien, Pline le Jeune raconte que son oncle aurait pu vendre quatre cent mille sesterces (84 000 fr. de notre monnaie), à Largius Licinius, ses nombreux

---

* Ἡρώτην ἐπιστολὰς συντάξαι Ἄτοσσαν τὴν Περσῶν βασιλεύσασάν φησιν Ἑλλάνικος. (*Strom.*, liv. I, c. xvi, § 76.) Clément d'Alexandrie vivait vers la fin du second siècle et dans les premières années du troisième.

** STRABON, I. xiii, p. 608.

*** Le billet s'appelait *libellus*, la lettre *epistola* et quelquefois *codicillum*. Cicéron écrivait à Atticus : « Accepi à te signatum libellum, quem Anteros attulerat : J'ai reçu le billet cacheté dont tu avais chargé Anteros. CICÉRON ». (*Ad. Atticus.* V, 2.)

registres autographes, composés de morceaux choisis ;
ils n'étaient pas alors aussi nombreux qu'ils le furent
à sa mort.

En résumé, plus peut-être qu'en toute autre science,
il est utile d'avoir, en bibliographie, une idée du
livre dès ses origines.

Cependant, alors que les matériaux abondent, nous
n'avons fait qu'en effleurer le sujet *.

Il est assez intéressant de remarquer que les progrès
faits par la science auront pour résultat (en ce qui
concerne les livres), au commencement du xxe siècle,
de rendre possible la formation de bibliothèques exclusivement composées de *volumina*.

« Les historiens d'aujourd'hui, a écrit Jean Frollo
dans *le Petit Parisien*, savent parfaitement où recourir
pour se procurer les matériaux de leurs livres ; ils ont
à leur disposition de vastes bibliothèques, de précieux
dépôts d'archives, sans compter les grandes collections
privées et les musées spéciaux. M. Boleslas Matuszewski,
photographe ordinaire de l'Empereur de Russie, propose
de créer à Paris un dépôt de cinématographie historique
et de conférer à ce dépôt la même autorité, la même
existence officielle, les mêmes facilités d'accès qu'aux
autres archives déjà connues.

« Le projet de M. Matuszewski mérite d'attirer l'attention. Il n'a rien de chimérique et n'engagerait que fai-
blement les finances de l'État. M. Boleslas Matuszewski

* On doit consulter sur cette matière : *Histoire du Livre depuis
son origine jusqu'à nos jours,* par E. EGGER, membre de l'Institut,
professeur à la Faculté des Lettres. Paris, J. Hetzel (s. d.), in-18.

estime fort sagement qu'il suffirait d'assigner, pour commencer, aux épreuves cinématographiques présentant un réel intérêt documentaire une section quelconque ou un rayon d'un de nos grands établissements nationaux.

« Le dépôt officiel en pourrait être installé soit à l'Institut, sous la garde d'une des Académies qui s'occupent d'histoire, soit aux Archives, ou encore au Musée de Versailles. Une fois la fondation faite, ce ne seraient pas les envois gratuits ou même intéressés qui manqueraient. Le prix de l'appareil de réception cinématographique, comme celui des bandes pelliculaires, très élevé aux premiers jours, diminuerait rapidement et serait bientôt à la portée des simples amateurs. Un Comité compétent recevrait ou écarterait les documents proposés, après avoir apprécié leur valeur historique. Les rouleaux *négatifs* qu'il aurait acceptés, seraient scellés dans des étuis, étiquetés, catalogués. Le même Comité déciderait des conditions dans lesquelles les *positifs* seraient communiqués et mettrait en réserve ceux qui, pour des raisons de convenance particulière, ne pourraient être livrés au public qu'après un certain nombre d'années. Un conservateur de l'établissement choisi prendrait enfin la garde de cette collection nouvelle, peu nombreuse au début et qui ne tarderait pas à se développer et à s'enrichir. Paris aurait ainsi avant toutes les autres villes de l'Europe son dépôt de cinématographie historique.

« Tel est, dans ses grandes lignes, le projet de M. Boleslas Matuszewski. Le grand avantage du cinématographe, c'est l'absolue exactitude de sa documentation.

Il est très vrai que ce simple ruban de celluloïd impressionné, où une scène se compose de mille clichés, et qui, déroulé entre un foyer lumineux et un drap blanc, fait se dresser les absents et les morts, constitue une parcelle d'histoire vivante. « L'histoire est là, endormie à peine, dit M. Matuszewski, et, comme à ces organismes élémentaires qui, vivant d'une vie latente, se raniment après des années sous un peu de chaleur et d'humidité, il ne lui faut, pour se réveiller et vivre à nouveau les heures du passé, qu'un peu de lumière traversant une lentille au sein de l'obscurité ! »

Le livre pouvant être comparé à une créature vivante, animée de sensibilité, de caprice ou d'originalité, exige une manipulation habile, une conservation soignée, une sollicitude de tous les instants.

L'aptitude psychique pour composer une bibliothèque dite d'amateur est, pour ainsi dire, aussi diverse qu'il y a de personnes ; chacun de nous a la sienne propre qui répond à son « moi » intime et qui n'est nullement la même que celle de son voisin le plus direct.

L'amour des livres se ressent de cette aptitude, et le choix diffère en raison de la variété des goûts et du sens esthétique. Tout amateur doit s'astreindre, et cela en dépit de ses tendances, à faire comme tout bon ouvrier et se procurer des outils. Ces outils sont les manuels spéciaux, les ouvrages de références, les dictionnaires encyclopédiques ; nous en donnons la liste à la fin de notre Chapitre quinzième sur la *Classification systématique des Livres*. On ne peut se passer de ces ouvrages, on doit les considérer comme la base première de toute bibliothèque, qu'elle soit utilitaire ou de pur agrément. En dehors de cela, toute latitude, toute liberté peuvent être laissées pour la composition de la bibliothèque. Une seule condition doit être observée dans le choix des livres : il faut en éliminer impitoyablement toutes les vulgarités.

On doit s'entourer de renseignements exacts et agir avec prudence en collectionnant des éditions déterminées, dont le titre ne répond nullement à l'ouvrage et où une fausse indication de révision de texte n'exempte pas ce dernier de fourmiller d'erreurs.

Êtes-vous poète? Vous pourrez choisir sainement et avec fruit dans toute la pléiade de poètes que la France a produits depuis plus de six siècles.

Êtes-vous philologue ou archéologue? Il existe des traités fondamentaux en toutes langues sur ces intéressantes sciences, et les recueils abondent en ces matières.

Les amateurs sont de deux sortes : 1° l'éclectique qui recherchera, outre la bonté de l'édition, les beaux livres, ceux faits avec luxe, avec un grand soin de corrections, aussi les grandes raretés bibliographiques, les reliures soignées, quoique signées de noms peu ou pas connus; 2° le spécialiste, travailleur ardent, chercheur et curieux, qui ne s'occupera que de sa science favorite, l'approfondissant et ne prenant, par conséquent, que les ouvrages qui lui sont nécessaires, délaissant tous les autres livres quels qu'ils soient. Le premier est bibliophile par instinct, il le deviendra tout à fait par goût, par travail; mieux que le second, il arrivera à une science du livre plus précise et possédera une bibliothèque de choix. C'est avec

passion que doivent se former les véritables bibliothèques d'amateurs *.

L'amateur doit prendre garde de tomber dans le
travers qui consiste à ramasser les livres un peu au
hasard, à droite ou à gauche, pour le seul plaisir de
remplir une bibliothèque **. Suétone nous à dépeint
ces gens qui, par simple ostentation, tapissent leurs
appartements de livres :

« C'est ainsi que bien des gens, qui n'ont pas même
autant de littérature que les esclaves, ont des livres
non comme objets d'art, mais pour en orner leur salle
à manger. Qu'on n'achète pas de livres plus qu'il
n'en faut, jamais par ostentation. « Mon argent,
« dis-tu, sera plus utilement employé à ces dépenses
« qu'en vases de Corinthe ou en tableaux. » En toutes
choses l'excès est un vice. Qu'y a-t-il donc qui te
rende si indulgent pour un homme qui s'attache aux
armoires de cèdre et d'ivoire, qui fait des collections
d'auteurs inconnus ou méprisés, bâille au milieu de
cette foule de livres, et n'apprécie dans tous ces
volumes que le dos et les titres? Ainsi, c'est chez les
hommes les plus paresseux que tu trouveras tout ce
qu'il y a d'orateurs et d'historiens, et des rayons élevés

---

* « ... Il n'y a de véritable bibliophile que celui qui a déjà lu
tous les livres qu'il possède, et qui, pénétré, ravi de cette lecture, en reporte le charme sur la forme extérieure elle-même. »
(TENANT DE LATOUR, *Mémoires d'un bibliophile*.)

** L'une des pièces les plus rares de l'œuvre de Jean Le
Pautre est une caricature du bibliophile français au xviie siècle.
Elle n'a pour titre que ce quatrain :

C'est bien le plus grand fou qui soit dans la nature
Que celui qui se plaist aux livres bien dorez,
Bien couverts, bien reliez, bien nets, bien époudrez,
Et ne les voit jamais que par la couverture.

jusqu'au toit. Car aujourd'hui, même dans les bains, dans les thermes, on trouve une bibliothèque, ornement obligé de toute maison.

« Je le pardonnerais sans doute si cela venait d'un excès de zèle pour l'étude ; mais, à présent, on ne recherche ces beaux génies, on n'achète leurs œuvres admirables, ornées de leurs portraits, que pour la décoration et l'embellissement des murailles. »

La vie d'un homme se reflète dans sa bibliothèque, qui, comme les styles, peint l'homme et son siècle ; c'est là que l'on sait quel a été le but de ses études : *Dis-moi quel livre tu lis, je te dirai qui tu es.*

« La bibliomanie, selon le savant libraire et bibliophile A. Claudin, c'est la passion des livres poussée jusqu'à son dernier paroxysme ; c'est la folie littéraire ; celui qui en est atteint est un monomane ou un ignorant. Le monomane et l'ignorant achètent et accaparent les livres rares sans discernement ; l'un par manie et par aberration d'esprit ; l'autre, *doctus cum libro*, pour suivre la mode du siècle, a amassé, à force d'argent, une collection où resplendissent l'or et le maroquin, pour faire parade de connaissances qu'il ne possède pas.... »

Il n'existe pas de bibliophiles, nous écrivait en 1877 M. Paul Lacroix*, l'érudit et regretté conservateur de

---

* Aucun nom n'est mieux connu de tout ami des livres ; nulle existence n'a été plus complètement dévouée au plus opiniâtre des labeurs, et nous ne croyons pas qu'il soit possible de rencontrer une aptitude aussi prompte à s'appliquer à des productions aussi nombreuses que variées.

Tout dévoué à l'étude, absorbé jour et nuit dans les livres qu'il feuilletait sans cesse et qu'il aimait avec passion, le bibliophile Jacob (Paul Lacroix) avait su se tenir sagement à l'écart des luttes politiques et des intrigues diverses. Le travail était son bonheur ; il faisait consister son loisir à varier les objets

la Bibliothèque de l'Arsenal, là où l'on ne daigne pas se
soucier de la valeur intrinsèque du livre, là où l'on ne
s'intéresse qu'à son contenu. Les savants, les érudits,
les lettrés peuvent être assurément de sincères, d'estima-
bles amis des livres, mais ce ne sont pas des bibliophiles. Aux premiers appartiennent les grandes bibliothèques formées exprès pour l'étude et le travail. Les
autres, qui font leurs délices d'un petit choix de livres
charmants, ont des goûts plus délicats et des jouissances
plus raffinées : ce qu'ils aiment dans le livre, c'est le
livre lui-même, comme objet d'art, comme relique du
passé, comme monument littéraire et historique.

Le bibliomane thésauriseur est heureux de posséder
ses livres, parce qu'il les aime avec jalousie.

Le bibliomane vaniteux a de belles éditions, de splendides reliures, une bibliothèque bien choisie et bien
rangée : il dépense des sommes énormes pour la compléter ; c'est un soin dont il se remet entièrement à un
bouquiniste intelligent, à un bibliographe officieux ; du
reste, il ne lit pas, et souvent il n'a jamais lu ; il collec-
tionne des livres comme il collectionnerait des tableaux,
des coquilles, des minéraux, des herbiers.

Le bibliomane envieux désire ce qu'il ne possède pas,
et dès qu'il possède, son désir change de but. Sait-il

vers lesquels se portaient ses études. Nul écrivain en France,
et ne craignons pas de le dire, en Europe, n'a mieux mérité de
la bibliographie, n'a rendu plus de services à cette science des
livres qui est la base des autres sciences. Il n'imitait pas
J.-Ch. Brunet et Quérard, ces athlètes de la bibliographie, mais
qui ne sortaient pas de ce domaine : Paul Lacroix y avait joint
les recherches de l'histoire et les œuvres de l'imagination ; il avait
su réunir des qualités dont l'assemblage est chose rare. On
lira, avec intérêt, la notice que M. Octave Uzanne lui a consacrée
dans *Nos Amis les livres*.

I   4

que tel livre existe chez un amateur avec lequel il
rivalise, aussitôt sa quiétude est aux abois, il ne
mange plus, il ne dort plus, il ne vit plus que pour la
conquête du bienheureux livre qu'il convoite ; il emploie
tout, jusqu'à l'intrigue et la séduction, pour attirer
à lui le bien d'autrui et le
conserver : les refus ainsi
que les difficultés augmen-
tent son irritation ; bientôt
il sacrifierait sa fortune
entière à un seul instant
de possession ; mais un
rien, la découverte d'un
second exemplaire du
même livre, une critique
en l'air, une réimpression,
voilà cette impatience qui
s'abaisse et cette ardeur
qui se glace : tout à
l'heure l'envieux souhai-
tait la mort du maître de
ce livre afin de s'enrichir

Fig. 67. — La Mort et le Bibliomane,
    d'après Schellenberg.

aux dépens du défunt ! Ce bibliomane est malheureux,
comme tout envieux doit l'être, et son malheur recom-
mence à chaque nouveau désir : c'est le Lovelace des
livres, il en devient amoureux, et les poursuit avec
acharnement jusqu'à ce qu'il les ait entre les mains ;
alors il les dédaigne, les oublie, et finalement il cherche
une autre victime.

Le bibliomane fantasque n'adore ses livres que pour
un temps ; il les recueille avec curiosité, il les habille

avec générosité, il les installe avec honneur, il les en-
tretient avec faveur. Tout à coup l'amour se lasse, se
refroidit, s'éteint ; le dégoût a commencé ! Adieu, beaux
livres ! Mais demain il en achètera d'autres, qui auront
pour lui le charme du caprice et de la nouveauté.

Le bibliomane exclusif ne
fait cas que d'un certain
ordre de livres, et ne cour-
tise ni les plus rares ni les
plus singuliers ; il a une collection, c'est là son dieu et
son âme. Tout ce qui est
en dehors de sa collection
ne l'intéresse pas ; il consa-
crera son temps, son argent
et sa santé à l'entassement
d'une bibliothèque tou-
jours curieuse, mais aussi
toujours monotone : ici,
Pétrarque se multiplie en
douze cents volumes ; là,

Fig. 68. — Le fou bibliomane.
Gravure tirée de la *Nef des fols*.

ce sera Voltaire en dix mille pièces réunies une à une.

En un mot, la bibliomanie la plus relevée et la plus
illustre n'est pas exempte de manie, et dans chaque
manie on aperçoit aisément un grain de folie.* « L'amour
des livres, écrivait d'Alembert, quand il n'est pas guidé

* V. C. R. passe toute sa vie à ce qu'on appelle vulgairement
bouquiner, c'est-à-dire à chercher de vieux livres. Il est habile
dans la connaissance des meilleures éditions ; il vous marque
parfaitement bien la différence qu'il y a des unes aux autres ; il
n'en ignore point le prix. Sa science s'étend jusqu'à la généalogie
des livres. — Un tel auteur, dit-il, relié en maroquin, lavé et
réglé, et à double tranche-fil, vient de M...., qui l'avait acheté

par la philosophie et par un esprit éclairé, est une des passions les plus ridicules. Ce serait à peu près la folie d'un homme qui entasserait cinq ou six diamants sous un monceau de cailloux.... L'amour des livres n'est estimable que dans deux cas : 1° lorsqu'on sait les estimer ce qu'ils valent, et qu'on les lit en philosophe pour profiter de ce qu'il peut y avoir de bon et rire de ce qu'ils contiennent de mauvais; 2° lorsqu'on les possède pour les autres autant que pour soi, et qu'on leur en fait part avec plaisir et sans réserve....

« J'ai ouï dire à un bel esprit qu'il était parvenu à se faire, par un moyen assez singulier, une bibliothèque très choisie, assez nombreuse, et qui pourtant n'occupait pas beaucoup de place. S'il achetait, par exemple, un ouvrage en douze volumes où il n'y eût que six pages qui méritassent d'être lues, il séparait ces six pages du reste, et jetait l'ouvrage au feu. Cette manière de former une bibliothèque m'accommoderait assez. »

Le bibliomane poursuit le livre pour lui-même, sans souci bien souvent de ce qu'il renferme. D'autre part, atteint d'une idée fixe, il recherche une édition singulière, un livre rare ou curieux, mais avec fautes ou gravures spéciales.

Il est encore « bibliotaphe », si nous pouvons faire revivre ce mot, presque oublié aujourd'hui. C'est bien

tant ; je l'ai eu de sa défroque pour la moitié. — On vient d'imprimer un ancien historien avec des notes et des commentaires très curieux et très instructifs : V. C. R. n'en veut point ; il ne demande que l'ancienne édition, quoiqu'il sache bien qu'il n'y trouvera point les augmentations que porte la nouvelle. V. C. R. est-il *sçavant*? non; il est *brocanteur*. (Lettres de Guy Patin.)

un tombeau des livres que son réduit ou sa bibliothèque : personne que lui n'y va, personne ne verra ses
livres sa vie duran *.

Les amateurs zélés et éclairés, les bibliophiles
sérieux, les littérateurs et savants de tout ordre ont
flétri énergiquement ce défaut, qui n'est qu'un vice
d'avarice. Ce n'est pas l'argent que thésaurise le bibliotaphe, c'est le livre, et pour ne pas lire. La bibliomanie
poussée jusqu'à ce point est assez rare ; elle tend du
reste à disparaître. Le bibliophile n'a que faire d'avoir
des livres à soi, puisqu'il les aime pour eux-mêmes,

* J'ai connu un bibliomane qui avait la manie d'accaparer, aux
enchères publiques, tous les exemplaires des livres qu'il savait
très rares, et qui se plaisait à les enfouir dans les recoins de
sa bibliothèque. Comme il prêtait peu, la vente publique de ses
livres a remis en circulation maint volume qui, jusque-là, était
resté inutile sur les rayons bien clos de son cabinet d'étude.
C'est pour les amateurs de cette famille que l'on a inventé le
nom expressif de *bibliotaphes*. Il pourrait s'appliquer à bien des
variétés d'*enterreurs de livres*, depuis celui que décrit plaisam-
ment La Bruyère dans son chapitre *De la Mode*, jusqu'à ce comte
d'Estrées dont Saint-Simon nous raconte la singulière manie.
Dans l'antiquité, ce travers étrange était connu et condamné
comme un crime. Témoin Isidore de Péluse, auteur chrétien du
v⁰ siècle, qui, dans une lettre à Simplicius, reproche à son ami
de n'acheter des livres que pour les « enterrer » dans un réduit
où ils ne servent qu'à nourrir les vers au lieu de servir à l'instruction des honnêtes gens. Paris en a vu un (c'était un ancien
notaire, M. Boulard) qui, dans son ardente passion, accumulait
sans cesse des livres de toutes conditions et de tous formats,
au point que sa maison s'en trouvait remplie, du rez-de-chaussée
au grenier. Chaque année, l'excellent homme réduisait ainsi la
part de sa femme et de ses enfants, dans cette maison qu'en-
vahissait l'innombrable famille de ses livres. Le catalogue qu'on
en dressa, pour la vente publique, forme douze volumes. Hono-
rons, au contraire, le bibliophile opulent, et en même temps
curieux de toute espèce de lectures, connaissant plusieurs
langues, et par là même séduit à lire des productions d'autant
de littératures, dans leurs langues originales. (E. EGGER, *Histoire
du Livre depuis son origine jusqu'à nos jours*. Paris, (s. d.) in-18.)

avec dévouement, avec sympathie, avec calcul; tout beau et bon livre a des droits infaillibles à son usage, à son admiration, il les connaît par leurs qualités, par leurs défauts, et ne se contente pas de les juger à l'extérieur, de faire sonner le papier sous ses doigts, de détailler les perfections de la reliure en connaisseur, d'examiner le titre, la date, enfin d'ensevelir dans un coin ce diamant inutile; non, il creuse jusqu'au fond d'un ouvrage, il en exprime le suc, il le loge dans sa mémoire plus volontiers que sur les rayons de sa bibliothèque.

Certes, il estime, il respecte ces bijoux typographiques, il est un admirateur pour les gravures avant la lettre, pour les exemplaires sur vélin, pour les éditions rares, pour les arabesques des anciennes reliures, pour les simples et nobles vêtements des nouvelles; il ne foule pas aux pieds ces brimborions de prose et de vers aussi mauvais que mal imprimés, mais recommandables par leur rareté, par leur curiosité : le bibliophile est indulgent aux faiblesses de ses semblables.

Mais, s'extasier devant une faute d'impression qui distingue une édition d'une autre, crier merveille à la conservation de quelques passages supprimés dans la plupart des exemplaires, se désoler pour une piqûre de vers, une tache d'eau, un vice dans la pâte du papier, ce n'est pas affaire à un véritable bibliophile, qui ne fonde guère la gloire de sa bibliothèque sur l'ignorance d'un prote, sur l'imprévoyance d'un censeur royal ou sur l'heur d'un hasard extraordinaire.

Tout le monde peut être bibliomane, mais n'est pas bibliophile qui veut. En général, les bibliomanes le sont

devenus par ennui, et sur le tard, lorsque l'âge a mois-
sonné les passions qui ont leur racine dans le cœur et
semé des goûts dans l'esprit le moins cultivé ; mais le
bibliophile naît et grandit avec son amour des livres,
amour fougueux et sage, éclairé et constant, insatiable
et patient, amour aussi varié et aussi nombreux que la
bibliographie.

Une *bibliothèque* se compose de la réunion toujours
incomplète des ouvrages, imprimés ou manuscrits,
sortis de l'esprit humain à toutes les époques. Suivant
le goût, les facultés, les occupations de celui qui l'a
formée, elle contient une série plus ou moins considérable de livres, sur la théologie ou la jurisprudence,
les sciences ou les arts, ou bien encore sur les lettres
ou l'histoire. On y trouve généralement les chefs-
d'œuvre des littératures anciennes et modernes. Une
bibliothèque doit encore renfermer des biographies,
des dictionnaires, des manuels, dont il est impossible
de se passer, non seulement si l'on veut se livrer aux
travaux de l'esprit, mais encore faire quelque lectures
sérieuses ou profitables. Sur un pareil plan, il est
bien difficile de n'admettre que des livres de choix :
aussi l'on pardonne au bibliophile, qui se fait une
bibliothèque, des exemplaires médiocres, même défectueux, surtout quand ces exemplaires complètent une
série d'ouvrages rares, curieux, nécessaires à ses travaux. Un *cabinet* se compose aussi de livres anciens et
modernes en diverses langues. Seulement le nombre en
est plus restreint que dans une bibliothèque ; les livres,
plus choisis, ne doivent jamais être d'une condition
médiocre. La majeure partie doit se faire remarquer ou

par la rareté, ou par l'impression, ou par la reliure ; il
faut même que plusieurs volumes possèdent ces trois
qualités réunies. Tout livre, pourvu qu'il soit beau,
peut entrer dans un cabinet d'amateur. Les bibliophiles
choisissaient naguère encore les chefs-d'œuvre de
l'esprit humain, Homère, Virgile, Horace, chez les
anciens ; Dante, Boccace, Arioste, chez les modernes ;
et en France, Corneille, Racine, La Fontaine et Molière.
Aujourd'hui, le goût a changé : sans exclure le moins
du monde les œuvres des grands génies que nous
venons de nommer, les amateurs recherchent les
anciennes chroniques, les mystères, les romans de
chevalerie, surtout les vieux poètes, les facéties et les
livres illustrés des xviiie et xixe siècles.

Généralement celui qui compose un *cabinet* cherche
une série d'ouvrages assez restreinte, ou bien encore
toutes les œuvres composées par un seul homme, et
s'applique pendant toute sa vie à les rassembler,
n'acceptant jamais que des exemplaires de choix et
dans un état parfait de conservation. Ici nous voyons
sourire ceux de nos lecteurs qui ne comprennent rien
aux innocents plaisirs de la collection, et le mot de
bibliomanie est sur leurs lèvres ; sans doute, c'est de
la bibliomanie, mais cette passion peut avoir aussi
son côté utile : grâce à la persévérance de certains
chercheurs obstinés, toutes les éditions de nos meilleurs écrivains ont été poursuivies, étudiées, comparées
entre elles. Les éditions originales de Corneille, de
Malherbe, de Bossuet, de La Fontaine, de Molière,
sont maintenant classées avec soin et mises au nombre
des livres les plus précieux. On le voit, la bibliomanie,

dont beaucoup de gens aiment tant à se moquer, peut
aussi rendre quelques services aux lettres.

Néanmoins, il serait téméraire de vouloir poser des

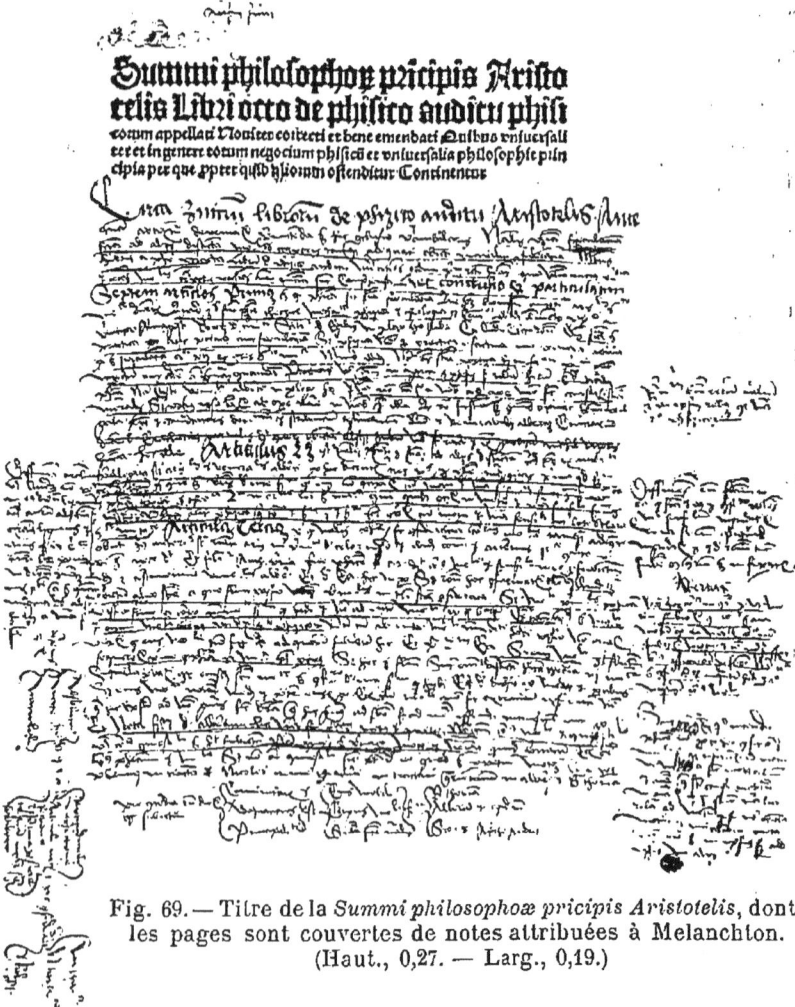

Fig. 69. — Titre de la *Summi philosophoæ pricipis Aristotelis*, dont
les pages sont couvertes de notes attribuées à Melanchton.
(Haut., 0,27. — Larg., 0,19.)

principes, de dicter des lois, là où il n'existe que des
contrastes. N'avons-nous pas, parmi les savants et
artistes anciens ou modernes, l'alliance des deux
formules dans leurs goûts? Hobbes ne possédait point

I   5

de bibliothèque, il avait très peu lu dans son enfance, et souvent il disait à ses amis : « Depuis l'âge de seize ans, je n'ai pas ouvert un livre ». Ou bien encore : « Si j'avais lu autant de livres que tels et tels, je serais aussi ignorant qu'ils le sont. » *

Melanchton avait une bibliothèque composée de quatre auteurs : *Pline, Plutarque, Ptolémée* et *Aristote***.

Quatremère de Quincy achetait tout, lisait tout, au moins ce qui l'intéressait, mais il ne négligeait pas de choisir les belles et bonnes éditions, de remplacer ses ouvrages défectueux au fur et à mesure que l'occasion s'en présentait.

L'illustre Chevreul était un collectionneur de tout ouvrage traitant du merveilleux : alchimie, sciences occultes ou autres ; la richesse de sa bibliothèque dans ce genre d'ouvrages était unique en France ; mais, comme dans celle de Quatremère de Quincy, on trouvait quelques exemplaires incomplets ou défectueux et que ce savant n'avait jamais pu remplacer.

Nous citerons aussi Henri Pille, qui légua sa

---

* Dans *la Médecine des Passions*, J.-B.-F. Descuret écrivait avec raison : « Gardons-nous de confondre avec les bibliomanes ces hommes, doués d'esprit et de goût, qui n'ont des livres que pour s'instruire, que pour se délasser, et qu'on a décorés du nom de bibliophiles.... Le bibliophile devient souvent bibliomane quand son esprit décroît, ou quand sa fortune augmente.... Le bibliophile possède des livres, et le bibliomane en est possédé. — Parmi toutes les manies de collections, celle des livres m'a paru tout à la fois la plus répandue, la plus séduisante, et la plus lentement ruineuse.... »

** Nous possédons un volume d'Aristote, dont les pages sont couvertes de notes attribuées à Melanchton ; nous en donnons le titre et la première page (fig. 69 et 70) en fac-similé réduit. Le nom grec Melanchton, comme celui de Terranera, sous lequel un libraire de Venise publia les *Loci communes theologici*, sont la traduction de *Schwarzerde*, véritable nom de l'ami de Luther.

Fig. 70. — Première page de la *Summi philosophæ pricipis Aristotelis*, dont les pages sont couvertes de notes attribuées à Melanchton. (Hauteur, 0,27. Largeur 0,19.)

bibliothèque à la Société des Artistes français. Cette collection compte de fort beaux livres modernes; elle est surtout curieuse par des documents bizarres, mais tous artistiques, croquis de toute nature, gravures anciennes, estampes, journaux de modes, prospectus, notes d'hôtel, recueillis par lui durant ses séjours en Allemagne et en Suisse, notamment à Nuremberg, Munich, Bâle, Leipzig et Zurich.

Il serait difficile de trouver un ensemble de documents, touchant les xve et xvie siècles allemands, plus complet que celui qu'avait réuni Henri Pille, et à cet égard son legs est précieux pour la Société des Artistes français.

La bibliothèque de M. Charles Blanc, qui contenait des exemplaires précieux d'ouvrages d'art et une série importante de publications spéciales à l'histoire de l'art qui la rendent unique, n'a pas été dispersée; elle a été léguée à l'Institut.

Voici le passage du testament relatif à ce legs :

« Je laisse tous les livres de ma bibliothèque à la bibliothèque de l'Institut, en priant M. le bibliothécaire en chef de remettre à la bibliothèque de l'École des Beaux-Arts ceux de ces livres dont il n'aurait pas besoin.

« Fait à Deuil-Montmorency, le 12 février 1879. »

Armand Cigongne, ancien agent de change, décédé en 1859, dont la collection fut acquise par Mgr le duc d'Aumale, avait depuis de longues années consacré une bonne part de ses revenus à l'achat de livres précieux. Vers la fin de sa vie, sa collection était de beaucoup le plus riche cabinet parisien; on y remarquait des manuscrits sur vélin ornés de miniatures, comme on n'en trouve plus, des livres imprimés sur vélin, des xylographes, des livres gothiques, les poètes principaux des XVIe et XVIIe siècles en éditions originales, un choix d'ouvrages sortis des presses elzéviriennes. La provenance de ces volumes ajoutait à leur valeur, tous étaient des débris de ces collections splendides qui ont eu nom : bibliothèques Grolier, Maioli, François Ier, de Thou, d'Hoym, de Préfond, de Rothelin. M. Arm. Cigongne prêtait quelquefois ses livres, mais il fallait compter parmi ses amis les plus intimes.

Claude Gros de Boze, membre de l'Académie française, secrétaire perpétuel de l'Académie des Inscriptions, garde des médailles du Cabinet de France et inspecteur de la librairie, était un savant et un bibliophile. « Il ne lui suffisait pas, en effet, dit M. Maurice Tourneux dans une de ses études sur les collections et catalogues au XVIIIe siècle, qu'un livre fût utile à ses travaux, pour qu'il vînt prendre place sur ses tablettes si bien nivelées, il le lui fallait en grand papier, à toutes marges, et revêtu d'une de ces reliures qui défient les outrages des ans et les caprices de la mode. De plus, — faveur qu'il dut sans doute à sa haute situation dans la hiérarchie scientifique, — il put voir imprimer à l'Imprimerie Royale l'inventaire des richesses patiemment accumulées et choyées avec tant d'amour, inventaire rédigé par Jean Boudot et ainsi intitulé : *Catalogue des livres du cabinet de M. de Boze*, 1745, in-folio, 4 ff. non chiffrés, 552 et XXXI p. »

Ces savants, cet artiste· et ces érudits étaient des amis des livres; et, en les citant, on ne peut assez insister sur les qualités nécessaires à un bibliophile et sur les nuances qui le séparent du bibliomane, homme peu sympathique.

Dans son ouvrage : *Des livres modernes qu'il convient d'acquérir**, M. Henri Bouchot écrivait que l'on *naît* bibliophile et qu'on ne le devient pas.

« Et, pour parler de choses moins sérieuses, ajoute-t-il, quelle distance entre nos amoureux modernes du livre, nos collectionneurs frénétiques, et les fermiers généraux d'avant, retenus, compassés, presque timides! La passion éminemment française de former des bibliothèques n'est pas chez nous l'apanage des lettrés ou des désœuvrés, c'est un sport qui tend à se répandre comme celui des courses de chevaux ou celui de l'escrime.

« Il serait utile, sinon d'enrayer le mouvement excellent en soi, au moins de lui donner une direction rationnelle, basée sur l'expérience. Bien que pénétré de cette opinion éclectique résultant d'observations nombreuses, que tout est bon à collectionner, et que les objets les plus futiles d'apparence ont ou auront leur heure d'engouement, nous jugeons en toute humilité et franchise l'instant propice de ramener les exaltés à la saine appréciation. C'est aux amoureux du livre que je veux m'adresser, à ceux qui amassent pour jouir, pour satisfaire un sens, et non aux bibliophiles maniaques ou thésauriseurs, plus occupés de finance que de littérature ou d'art. Par sa nature même, sa diffusion quotidienne, le livre du jour est pour le chasseur

---

* Cf. Henri Bouchot. *Des livres modernes qu'il convient d'acquérir*. Paris, Édouard Rouveyre, 1891, in-18.

une proie facile; la tentation est grande de ne rien laisser passer de ce qui paraît, quand on n'a qu'à vouloir pour avoir. Les « chercheurs de vieux » bénéficient de la rareté des offres, ils ont loisir de mettre un peu de réflexion sur leur feu. Au contraire, les autres, sollicités par les catalogues, pressés d'être les premiers sur les rangs, se jettent tête basse, acceptent bon ou mauvais, et souvent, en dépit de leurs « Japon » ou de leurs « Chine », enclosent précieusement les pires misères qui se voient.

« Il faudrait un grand tact et le jugement sûr pour ne pas s'égarer en pareille matière, d'autant qu'il est très difficile de donner sur le sujet des lois immuables. Les curieux du livre proscrivent aujourd'hui de la pratique courante les caractères elzéviriens, avec la même hauteur qu'ils mettaient naguère à les louer, à les proclamer inimitables. La mode est à l'impression Didot, large, bien écrite, agréable. Voilà donc qu'il est passé dans le monde spécial des collectionneurs de faire la moue aux impressions maigres, et de sourire gentiment aux grasses. La vérité n'est point intransigeante; elle prend en chaque chose le bon qu'elle y trouve, et s'il est sage de ne pas s'exagérer les mérites du vieux type de Leyde, souvent employé hors de propos, un peu malingre aussi, il serait peut-être naïf de proscrire un beau livre ouvré de la sorte, quand il est habillé de vignettes délicates, soigné comme texte, et méritant à tous les autres points de vue.

« L'amoureux du livre n'a guère de buisson tout fait, il quête à la façon des vieux veneurs qui ne prennent point le contrepied et ne s'embarquent pas sur un

marcassin. Son gibier est de tout poil, pourvu qu'il soit
en bon point et vaille la peine. Rien ne l'émeut de ce
qui tourmente les novices. Il ne prend pas un Elzévier
sur ce que l'éditeur lui aura assuré que « les tirages
« blonds sont préférables », phrase charmante à mettre
tout près de l'annonce célèbre du chocolat, « le seul
« qui blanchisse en vieillissant » ; mais s'il en trouve de
bien timbrés, de délicatement historiés, il n'hésitera
pas, parce qu'elzéviers. Réciproquement le Didot ne lui
en imposera pas, et il saura le refuser, quoique Didot,
si la mise en œuvre laisse à désirer. »

Le temps des grandes bibliothèques est passé sans
retour. Est-ce un progrès? est-ce une décadence? toujours est-il que les grandes bibliothèques, comme celles
de De Thou, de Colbert, de Falconnet, de d'Estrées, du
cardinal Dubois, de La Vallière, etc., ne sont plus à
refaire et ne se referont jamais. Les gros livres encom-
brants, les collections volumineuses, les classiques grecs
et latins (*cum commento*, disait Rabelais), les innombrables historiens de tous les temps, de tous les pays,
de toutes les villes, de toutes les églises, tout cela est
à jamais banni des bibliothèques d'amateurs et relégué
dans les bibliothèques publiques, sous la sauvegarde
d'une poussière qui devra être séculaire, hélas!

Ce qu'on ne dit pas, ce qu'on ignore, c'est que les
bibliophiles du dernier siècle, hormis quelques-uns,
étaient bien ignorants ou bien insouciants quant à la
condition matérielle des livres et à leur valeur intrinsèque. La plupart de ces bibliophiles se préoccupaient
surtout d'avoir beaucoup de livres, et de remplir, d'une
manière intelligente, avec de bons exemplaires, les dif-

férentes séries de la bibliographie méthodique; mais, pourvu que ces livres fussent propres et de bel aspect sur les rayons d'une bibliothèque, c'était assez, et l'on ne demandait pas autre chose.

Il y avait alors, dans chaque hôtel de l'aristocratie nobiliaire, politique ou financière, une belle salle ou même une vaste galerie, appelée la *bibliothèque*, avec des armoires plus ou moins somptueuses, souvent ornées de sculptures, de marqueteries et d'ornements décoratifs en cuivre, tantôt fermées hermétiquement par des portes pleines, tantôt garnies de glaces, selon le caractère ou plutôt selon les intentions des gens : car il suffisait d'avoir une bibliothèque quelconque ou seulement de passer pour en avoir une; c'était là le nécessaire, l'indispensable, chez un homme du monde qui tenait à être considéré, non pas comme un lettré ou un savant, mais comme un homme bien élevé et de bonne compagnie *. Aussi, dans bien des cas, la bibliothèque de l'hôtel ne se composait que d'armoires vides, toujours closes, où l'on n'eût pas trouvé un seul livre : on y mettait sous clef les confitures, les vins fins et les liqueurs. Mais, généralement, la bibliothèque existait, telle qu'un libraire l'avait formée, moyennant un prix convenu d'avance, et d'après un modèle bibliotech-

---

* A bien considérer les choses, écrivait M. Ph. van der Haeghen, nous regardons la bibliothèque particulière comme le meuble le plus typique d'un appartement, d'un hôtel, d'un palais. Cette vérité est absolue, si la collection a été rassemblée par une seule individualité; si au contraire elle est le résultat des soins de plusieurs générations, la bibliothèque devient une sorte de fief caractéristique, dont les tenanciers successifs peuvent bien n'être pas des savants, mais qui perdent rarement l'amour de la science et l'honneur de protéger ceux qui s'y consacrent.

nique qui se rapportait à ce prix, lequel ne devait point être dépassé. C'est ainsi, par exemple, que s'étaient faites les bibliothèques de la comtesse de Verrue, de Mme de Pompadour et de la comtesse Du Barry. Et certes, ces bibliothèques n'étaient pas à dédaigner! Les libraires, une fois le prix débattu et fixé, avaient *fait* la bibliothèque selon le goût de leurs clientes. La comtesse de Verrue préférait des romans; la marquise de Pompadour, des romans aussi et des pièces de théâtre; Mme Du Barry, qui lisait peu et qui à cette époque savait lire à peine, ne désigna aucune espèce de livres, et le libraire fit pour le mieux. Cependant les bibliothèques de la comtesse de Verrue et de la marquise de Pompadour étaient nombreuses, choisies et classées avec beaucoup d'intelligence, et très belles d'apparence, quoique le libraire eût ramassé à la hâte bien des exemplaires mouillés, tachés, même incomplets, pour les faire relier aux armes de ces dames. Quant à la bibliothèque de Mme Du Barry, elle ne comprenait que 1068 volumes, de tout format, ayant coûté 5008 livres, et le relieur Redon n'avait fait payer les reliures que 2812 livres et 13 sols, c'est-à-dire à peu près 2 fr. 75 par volume, l'un dans l'autre.

M. de Saint-Genais, dans son travail sur les *Couvertures et feuilles de garde des vieux livres et des manuscrits*, que nous avons publié en 1874, se plaisait à croire que ceux qui aiment les livres pour l'agrément qu'ils peuvent y puiser sont en plus grand nombre. « Il en est, ajoutait-il, qui les aiment non pas seulement pour le mérite de leur contenu, mais souvent pour certaines particularités tout à fait étrangères à la valeur même du texte. Tel se passionne pour les *Aldes* et les *Juntes*, tel pour les *Ulric Zel*, les *Martens* ou les *Caxton*, tel encore méprise un ouvrage qui ne porte pas une date antérieure à 1500, enfin vous en trouverez dont la face s'épanouira de contentement à l'aspect d'une *réclame* ou d'une *signature* trouvée à une époque où l'on ne se servait pas encore de ces signes de concordance. D'autres poussent la manie plus loin et ne font cas d'un incunable qu'autant que ses marges aient un nombre voulu de centimètres. Une reliure remarquable par son antiquité ou son exécution, un nom célèbre inscrit sur une feuille de garde, un titre orné du cartouche de quelque imprimeur renommé, sont d'autres mérites encore pour lesquels s'enthousiasment certains amateurs. On en rencontrerait même, si le comte de Fortsas * n'était pas un personnage inventé par un

---

* Mystification bibliographique qui fit quelque bruit dans le monde des amateurs de livres. En 1840 parut à Mons un Catalogue très court imprimé par Hoyos et annonçant la vente d'une très riche, mais peu nombreuse collection de livres, provenant de la bibliothèque de feu M. le comte J.-N.-A. de Fortsas, vente qui devait avoir lieu à Binche, le 10 août 1840, à onze heures du matin, en l'étude et par le ministère de maître Mourlon, notaire. Ce Catalogue était précédé d'une notice biographique sur Jean-Népomucène-Auguste Pichauld, comte de Fortsas, né le 24 novembre 1770. On y lisait que ce personnage, bibliomane excentrique, n'admettait sur ses tablettes que des ouvrages inconnus à tous les bibliographes, à tous les catalogueurs. C'était sa règle invariable : sitôt qu'il apprenait qu'un ouvrage jusqu'alors ignoré avait été signalé quelque part, l'eût-il acheté au poids de l'or, il l'expulsait impitoyablement de ses rayons.

Des notes traîtresses, des détails de la plus perfide vraisemblance, aiguisaient la curiosité, aiguillonnaient le désir.

Ce Catalogue, tiré à une centaine d'exemplaires sur papier ordinaire et à cinq sur papier de couleur, est devenu fort rare. M. Jannet le réimprima en 1850 dans le *Journal de l'Amateur de*

homme d'esprit, qui se déferaient de chacun des livres de leur bibliothèque dont ils supposeraient qu'un second exemplaire pût se trouver dans une autre collection. »

Toutefois, en fait de livres comme en toute autre chose, il ne faut donc pas discuter des goûts : les bibliothèques choisies des bibliographes ne sont pas toujours les bibliothèques choisies des bibliophiles, et il y a peut-être autant d'avis sur la manière d'en choisir une qu'il y a d'hommes capables de s'occuper de ce choix avec intelligence. Il n'y a pas deux caractères, deux genres d'esprit qui se ressemblent parfaitement; et le choix d'un livre, la composition d'une bibliothèque est, comme nous l'avons dit précédemment, l'expression infaillible du caractère de l'homme qui l'a formée.

« Un livre, a dit Ruskin*, est par excellence non une conversation, mais une chose écrite, et écrite non en vue d'être simplement communiquée, mais d'être permanente. Le livre de conversation est imprimé seulement parce que son auteur ne peut parler à des milliers d'hommes à la fois; si c'était possible, il parlerait; le volume ne sert qu'à multiplier sa voix. Vous ne pouvez causer avec votre ami, qui est aux Indes; si c'était possible, vous causeriez; vous écrivez à la place; votre lettre ne sert qu'à porter votre voix. Le livre est écrit non pour multiplier la voix simplement, mais pour la

livres, pages 141-152. M. de Fortsas et sa bibliothèque n'avaient jamais existé que dans l'imagination d'un bibliophile érudit qui s'était avisé de cette plaisanterie, une des meilleures de ce genre. On en fait honneur à M. Chalons, de Mons.

* Il faut lire Ruskin, pour la transparente honnêteté de son intention et la haute portée de ses idées; Carlyle, pour son aversion du faux et la mâle vigueur de son style; Mill, pour la lucidité et le calme de son raisonnement.

conserver. L'auteur a quelque chose à dire qui lui paraît vrai et utile, ou beau d'une beauté bienfaisante. A sa connaissance, nul ne l'a dit encore; à sa connaissance, nul autre ne peut le dire. Il est né pour le dire, clairement et mélodieusement s'il le peut, clairement en tout cas. Dans le cours total de sa vie, c'est la chose ou l'ensemble de choses qui s'est manifesté à lui; c'est la part de vraie science, c'est la perspective que sa portion de soleil et de terre lui a permis d'embrasser. Volontiers il fixerait cette chose éternellement, volontiers il la graverait sur le roc s'il le pouvait, disant : Voici le meilleur de moi-même; pour le reste j'ai mangé, j'ai bu, j'ai dormi, j'ai aimé, j'ai haï, comme un autre; ma vie était une vapeur et n'est plus; mais ceci, je l'ai vu; ceci, je l'ai connu; ceci (si quelque chose de moi mérite qu'on s'en souvienne) est digne de votre souvenir. Voilà son écrit; voilà, dans sa petite sphère humaine et quel qu'ait été son degré d'inspiration vraie, son inscription, sa signature. Voilà ce que c'est qu'un livre. »

Par l'opinion même des auteurs de toutes les époques, on se formera un jugement équitable et c'est en lisant leurs ouvrages, où bien souvent ils confessent comment cette bonne et saine passion du livre leur est venue, de quelle manière ils l'ont perfectionnée, c'est en suivant les conseils qu'ils exposent, que le goût des amateurs de livres prendra une utile et intéressante direction.

Comme un être animé, le livre ressent les effets du milieu où il habite; il ne veut être renfermé ni dans l'obscurité, ni dans un lieu humide; il y perd de sa

parure, et sous l'influence de l'humidité finit par se
détériorer. Une lumière calme et brillante, sans être
très intense, lui convient admirablement; les Romains
avaient déjà constaté que la lumière venant du Levant
était la plus propice et la plus favorable aux livres;

Fig. 71. — Bibliothèque de Sʳ John Bremon Esq.

d'autres bibliophiles modernes en ont fait l'expérience,
nous ne pouvons que confirmer le fait. Avec de larges
baies par lesquelles la lumière pénètre, le livre logé
dans des armoires ou sur des rayons prend une vie
nouvelle, son habit se moire insensiblement, une belle
patine recouvre sa reliure, tandis qu'un ton chaud,
tout particulier, patine les ors des tranches. L'air lui

est utile, aussi fera-t-on ouvrir les fenêtres pendant
une partie des belles journées, en rabattant soigneusement les rideaux; de telle sorte, les livres seront
aérés et préservés de toute cause de fermentation ou
d'humidité : un peu avant la chute du jour, les fenêtres
seront fermées. A l'orientation de la pièce, il faut

Fig. 72. — Bibliothèque du baron T. de S.

ajouter la disposition intérieure elle-même; la bibliothèque serait mieux placée à un premier étage qu'à
un rez-de-chaussée, en vue de la préserver contre
les insectes, l'humidité et la poussière. Pour remé-
dier à l'action de l'humidité et avant de faire poser
les armoires ou les rayons, il serait prudent de
faire badigeonner largement les murs à l'huile bouil-
lante; cette opération a pour but de préserver la muraille du suintement qui pourrait survenir à certaines

époques de l'année. Les murs seront ensuite revêtus de
lambris en bois sec montant aussi haut que le meuble

Fig. 75. — Le cabinet des livres du duc d'Aumale,
au château de Chantilly.

ou les rayons destinés à supporter les livres. Les planchers devront aussi être très soignés; on évitera les
insectes et les souris, par une imperméabilité absolue

des parquets*. Un autre ennemi du livre, dans une bibliothèque, est la poussière, aussi ne peut-on assez la chasser, non pas avec un plumeau qui l'enlève et la disperse dans la pièce où elle retombe insensiblement, s'accumulant et s'incrustant davantage, mais bien avec une peau, en la passant soigneusement sur la bibliothèque et sur toutes les saillies susceptibles de recevoir la poussière ; quant aux livres, on devra en essuyer le dos, les tranches et les plats également avec une peau ; ce nettoyage devra être fait plusieurs fois par an.

On ne doit jamais surcharger les livres d'estampilles, de monogrammes, en un mot de marques de possession. Rien n'est de plus mauvais goût que d'appliquer sur

---

* L'emploi du bois dans les constructions fixes ou mobiles a souvent été contrarié par l'impossibilité où l'on a été jusqu'ici d'en rendre la surface extérieure inaltérable. L'atmosphère, le soleil, la pluie, le froid, le vent exercent sur cette surface une influence presque toujours désastreuse.

Il vient d'être découvert un procédé qui consiste à métalliser le bois et à le neutraliser entièrement.

Le bois à traiter doit être immergé dans une solution d'alcali caustique (soude calcaire). On la porte et on la maintient à une température de 75 à 90 degrés. Ce bois y demeure plongé pendant trois ou quatre jours, en raison de sa plus ou moins grande imperméabilité. Quand on le retire, on le fait passer dans une seconde solution, celle-là d'hydrosulfite de calcium, où il reste trente-six heures.

Après quoi, on soumet le bois à un nouveau bain de potasse caustique concentrée à une température de 35 à 50 degrés, et enfin il doit traverser une dernière solution d'acétate de plomb chauffé.

Lorsque le bois a subi ces préparations successives, il n'y a plus qu'à le laisser sécher, à le frotter avec un morceau de plomb ou d'étain, et à le soumettre au brunissoir pour qu'il acquière un lustre métallique brillant. Il peut alors endurer toutes les intempéries et affronter toutes les variations et manifestations atmosphériques.

Fig. 74. — Bibliothèque de l'ancien collège des Jésuites à Reims (1685) aujourd'hui lingerie de l'hôpital général.

le faux titre, sur le titre ou à toute autre page d'un livre, un cachet à l'encre grasse*.

Il faut laisser cette obligation aux bibliothèques publiques qui, par mesure de sécurité, appliquent un cachet personnel sur le titre et à des pages déter-

Fig. 75. — Détail d'une travée de la bibliothèque de l'ancien collège des Jésuites à Reims (1685), aujourd'hui lingerie de l'hôpital général (Voir la figure précédente).

minées; ce cachet affirme la possession du livre et permet de le reconnaître. En outre de cette marque, dans bien des bibliothèques, on place une étiquette (ex-dono) sur le premier plat intérieur du livre pour en indiquer la provenance. Il faut encore moins appliquer, sur les

---

* Au moyen âge on connut et on employa l'impression *humide* avec des encres de diverses couleurs. Guillaume le Conquérant, à l'instar de son père et de son aïeul, *imprimait* sur ses chartes un cachet imbibé d'encre.

titres, des cachets avec la cire à cacheter... et cela se
voit cependant; nous en donnons un curieux exemple, par la reproduction d'un titre (fig. 77) qui a été
successivement chargé, aux xviie, xviiie et xixe siècles, de
trois cachets à l'encre grasse, d'un cachet à la cire et
d'un *Ex-libris* manuscrit. Une seule marque de propriété
convient à un livre d'amateur, c'est l'*Ex-libris* dessiné
et gravé : bien composée, ni trop petite, ni trop grande,
collée sur le premier plat intérieur de la reliure, cette

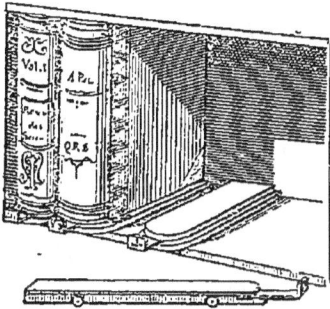

étiquette, à laquelle nous con-
sacrons le Chapitre dixième
de notre travail, est pour
les amateurs la marque de
possession par excellence.

Il faut savoir comment
prendre un livre placé sur
un rayon, l'ouvrir comme
le veut le bon sens, le
fermer la lecture achevée

Fig. 76. — Chariot porte-livres.

et ne pas corner la page où elle a été arrêtée.

On prend ordinairement le livre par la tête, le haut
du dos, et on l'attire brusquement à soi par la
tranchefile. La première fois, on ne s'aperçoit de rien,
mais l'opération étant répétée, la tranchefile finira
par rester en main, le haut du dos sera éraillé
ainsi que les coins qui auront porté contre le fond
de la tablette supérieure. Au contraire, il faut écar-
ter avec soin les livres de droite et de gauche, soulever
avec le bout du doigt la base du livre que l'on veut avoir
et l'attirer vers soi en le prenant par le milieu. De la sorte
le livre glissera et sera attiré, sans effort, hors de la

PII SECVNDI

PONTIFICIS MAX.

COMMENTARII

RERVM MEMORABILIVM, QVÆ
TEMPORIBVS SVIS CONTIGERVNT, A R.D. IOANNE GOBELLI-
no Vitario Bonnen. iamdiu compositi, & à R.P.D. Fran-
cisco Bandino Picolomineo Archiepiscopo
Senensi ex vetusto originali
recogniti.

Quibus hac editione accedunt

JACOBI PICOLOMINEI, CAR-

DINALIS PAPIENSIS, QVI PIO PONT.
coæuus & familiaris fuit, Rerum Geftarum sui tempo-
ris, & ad Pii conntnuationem, commentarii
luculentiffimi:

Eiusdémque EPISTOLÆ perelegantes, rerum recondi-
tarum peniβimæ.

Proftat Francofurti in Officina AVBRIANA.
ANNO M. DC. XIV.

Fig. 77. — Titre chargé, aux XVIIᵉ, XVIIIᵉ et XIXᵉ siècles, de trois cachets
à l'encre grasse, d'un ex-libris manuscrit et d'un cachet à la cire.

tablette*. D'autres prennent des deux mains un livre relié, serrent bien chaque plat et l'ouvrent brusquement…, la couture intérieure ou le dos sont brisés. Le livre jouera, il remuera de droite à gauche, des cahiers s'enlèveront, des pages s'envoleront; le seul remède est de faire relier le volume à nouveau. Si, au contraire, le livre a été ouvert sans produire de pesée sur les couvertures et en laissant glisser les plats à mesure que l'ouverture se développe, la brisure ne se produira pas. Voici ce que M. Darche écrivait à ce sujet dans son *Essai sur la lecture* : « C'est chose digne de pitié, de voir certains lecteurs tenir leur livre d'une main par le milieu ou le poser sur les genoux sans y toucher, quitte à le ramasser s'il vient à tomber, ou sur une table un peu trop malpropre, ou bien encore, ce qui abîme le livre, le poser sur la table, avec l'un des coudes appuyé sur les feuillets d'un côté du livre et l'autre de l'autre côté : d'où il arrive que l'on fatigue beaucoup les reliures, si toutefois on n'en brise pas les ligatures! Tout livre, dès qu'il est admis dans notre intimité, a un droit acquis à notre estime, à notre affection et à notre respect. Or, ce n'est point estimer, ni affectionner, ni respecter un livre que de le tenir si mal.» Dans son *Manuel de bibliothéconomie,*

---

* Un inventeur américain, M. Lawrence, a imaginé un petit appareil (chariot porte-livre) permettant d'introduire et de retirer facilement les volumes d'une bibliothèque, quelle que soit la justesse des rayons. Cet appareil consiste, ainsi qu'on le voit par la figure 76, en une petite planche glissant sur des roulettes. La tranche du volume repose sur la partie en saillie de cette planchette et les bords de la couverture viennent s'appliquer sur la bordure un peu moins élevée. Devant la planchette peut s'adapter une petite étiquette indiquant le titre et le numéro d'ordre du livre auquel elle est attachée.

M. le Dʳ Arnim Graesel insiste sur les soins de propreté qui sont nécessaires aux livres, non seulement pour en conserver la fraîcheur, mais encore, et surtout, pour en prévenir la destruction. C'est là une vérité prouvée par l'expérience et sur laquelle nous nous dispenserions d'insister, si des exemples d'incurie, hélas ! trop nombreux, n'étaient pas là pour nous prouver que les recommandations à ce sujet ne sauraient être trop souvent renouvelées, ou pour mieux dire, qu'il faut les répéter à satiété *.

Nous donnons, ci-après, les principales dispositions d'un règlement de l'ancienne bibliothèque de la Sorbonne ** qui était en vigueur au xivᵉ et au xvᵉ siècle, elles nous enseignent combien les livres, tant par leur rareté, que par l'importance que l'on attachait à la science dont ils étaient les dépositaires, avaient de prix aux yeux de ceux qui les possédaient ou qui s'en servaient.

Une bibliothèque était à cette époque, ainsi que s'exprime le règlement, un lieu *auguste et sacré*.

---

* Cf. *Manuel de bibliothéconomie* par le Dʳ Arnim Graesel, bibliothécaire à l'Université de Berlin. Édition française revue par l'auteur et considérablement augmentée. Traduction de Jules Laude, bibliothécaire universitaire. Paris, H. Welter, libraire-éditeur, 1897, in-8°.

** La Sorbonne doit son nom à son fondateur, Robert, chapelain de saint Louis, né en 1201, à Sorbon, village près de Rethel, dans le diocèse de Reims. Robert de Sorbon se proposa de réunir dans une même maison un certain nombre de professeurs et d'étudiants, afin d'aider ceux-ci, généralement très pauvres, à parvenir au grade de docteur, et de les tenir éloignés des tentations dangereuses. — La bibliothèque, réorganisée en 1765, fut appelée successivement bibliothèque de l'Université de Paris et du collège Louis-le-Grand, du Prytanée français, de l'Université de France, de l'Académie de Paris et enfin de la Sorbonne. L'un des bibliothécaires est M. A. Maire, auteur du *Manuel pratique du Bibliothécaire* que nous aurons souvent l'occasion de citer au cours de notre travail.

« 1° Toute personne qui entrera dans la bibliothèque devra aussitôt fermer la porte; il en sera de même si

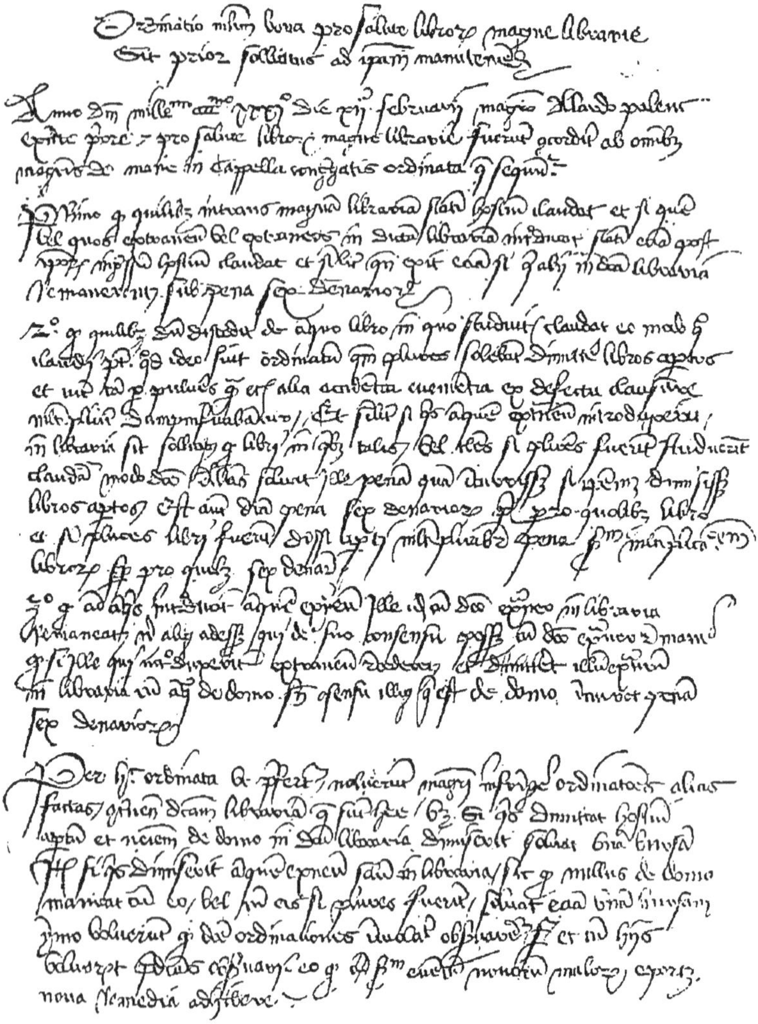

Fig. 78. — Fac-similé (réduit) du Règlement de 1451 de la Bibliothèque de la Sorbonne.

elle y introduit un ou plusieurs étrangers. Si cette personne sort, elle fermera la porte, quand même il resterait quelqu'un dans la bibliothèque; le tout, sous peine d'une amende de six deniers.

« 2° Toute personne qui se sera servi d'un livre doit, avant de se retirer, fermer le livre. Ceci a été ordonné parce que plusieurs personnes avaient coutume de laisser les livres ouverts; ceux-ci sont alors exposés à tous les accidents qui peuvent en résulter, couverts de poussière et fort endommagés. De même, lorsque quelqu'un introduira des personnes étrangères dans la bibliothèque, il veillera à ce que les livres dont ces étrangers se seront servis soient fermés, comme il est dit ci-dessus; sinon, on lui infligera la peine qu'il eût encourue s'il avait lui-même laissé les livres ouverts. Cette peine sera une amende de six deniers pour chaque volume laissé ouvert; si plusieurs volumes ont été laissés ouverts, l'amende se multipliera par le nombre des volumes, à raison de six deniers pour chacun.

« 3° Si quelqu'un introduit un étranger dans la bibliothèque, il ne devra pas le quitter, à moins qu'il n'y ait là quelqu'un qui consente à rester avec le visiteur. Mais si celui qui a introduit un étranger dans la bibliothèque s'éloignait et le laissait avec une personne de la maison sans s'être assuré que cette dernière consent à accompagner l'étranger, l'introducteur encourrait une amende de six deniers. »

Ces dispositions furent, quelques années plus tard, complétées de la manière suivante :

I. Aucun membre de la société n'entrera dans la bibliothèque sans être en robe et en bonnet.

II. Elle sera interdite aux enfants et aux gens illettrés.

III. Si des personnes recommandables et instruites

demandent à y pénétrer, un des membres de la société devra leur servir d'introducteur, mais leurs valets resteront à la porte.

IV. Chaque membre conservera sa clef de la bibliothèque avec soin, et ne la prêtera à personne.

V. En aucun temps on n'apportera ni feu ni lumière dans la bibliothèque.

VI. On ne devra emporter de la bibliothèque aucun volume sans le consentement de la société.

VII. Avant de placer un volume sur un pupitre pour s'en servir, on commencera par en enlever la poussière; on s'en servira honnêtement, puis on le remettra fermé à sa place.

VIII. Il est interdit d'écrire sur les volumes, d'y faire aucune rature, d'y plier aucun feuillet.

IX. Qu'on écrive ou qu'on lise, on ne doit interrompre personne, soit en causant, soit en marchant.

X. Autant que possible, le silence doit régner dans la bibliothèque, comme en un lieu auguste et sacré*.

Michel-Ange Tamburini, général de l'ordre des jésuites, dans une lettre en latin, datée de Rome, 8 mai 1727, et adressée au père Laguille, à Paris, rappelle le règlement qui doit être observé sévèrement dans la bibliothèque du collège de Clermont (depuis, Louis-le-Grand); nous en donnons la traduction des articles les plus importants :

« 1° Quiconque aura des livres extraits de la biblio-

---

* Cf. Ulysse Robert : *Recueil des lois, décrets, ordonnances, arrêtés, circulaires, etc., concernant les bibliothèques publiques, communales, universitaires et populaires...*, Paris, H. Champion, 1883, in-8°. -- Franklin, *Les anciennes bibliothèques de Paris*, Paris, Imprimerie nationale, 1867-1873, 3 vol. in-4°.

thèque devra les y rapporter huit jours après les avoir empruntés;

« 2° On devra donner au bibliothécaire, dans l'espace de quinze jours, le catalogue de chacun des livres qu'on aura eu la permission d'emporter dans sa chambre à coucher;

« 3° On ne devra jamais emporter de livres de la bibliothèque dans la demeure de sa famille;

« 4° Ceux qui prendront des livres de la bibliothèque devront se souvenir du précepte qui prescrit de noter sur un registre destiné à cet usage le nom du livre, le leur, et le jour où ils ont emprunté l'ouvrage;

« 5° Quand quelqu'un sortira du collège ou y décédera, tous ses livres seront donnés au préfet de la bibliothèque et mis à la disposition de tous;

« 6° Il convient que les livres soient réunis, mis en ordre, qu'on en fasse le catalogue, et que quelqu'un soit préposé à leur garde. »

Plusieurs auteurs se sont indignés contre la maladresse et la barbarie avec laquelle on traite les livres; voici d'après l'excellente traduction faite par M. Cocheris, comment Richard de Bury s'exprime, à ce sujet, dans son *Philobiblion* * : « D'abord que les étudiants mettent

---

* Vers le milieu du xive siècle, Richard de Bury, qui fut successivement évêque de Durham (1333), grand-chancelier (1334) et trésorier d'Angleterre (1336), donna en Europe le second exemple d'une bibliothèque publique, en fondant à Oxford un établissement qu'il dota de riches revenus et auquel il donna tous les livres qu'il avait rassemblés à grands frais de tous les pays, et qu'il voulut, suivant son expression, rendre communs à tous les écoliers et aux étudiants de toute l'université. Son traité, le *Philobiblion*, est un livre très peu lu et il est peut-être, depuis le moyen âge, le plus ancien traité de bibliographie que l'on connaisse. — En 1440, Humphrey dit le Bon, duc de

une sage mesure en ouvrant ou en fermant les livres,
afin que, la lecture terminée, ils ne les rompent pas par
une précipitation inconsidérée, et qu'ils ne les quittent
point avant de remettre le fermoir qui leur est dû,

Fig. 79. — Intérieur de la Bibliothèque Bodléienne à l'Université
d'Oxford.

car il convient de conserver avec plus de soin un
livre qu'un soulier. Il existe, en effet, une gent éco-
lière fort mal élevée en général, et qui, si elle n'était
pas retenue par les règlements des supérieurs, devien-
drait bientôt fière de sa sotte ignorance. Ils agissent

Glocester, donna, environ 600 volumes à l'Université d'Oxford. Le
bâtiment où était renfermée cette collection fut réparé et aug-
menté, en 1597, par sir Thomas Bodley, qui donna à l'Université
sa bibliothèque, et lui légua une propriété dont le revenu devait
être appliqué à des achats de livres et de manuscrits et aux
réparations de l'édifice.

avec effronterie, sont gonflés d'orgueil et quoiqu'ils
soient inexpérimentés en tout, ils jugent de tout avec
aplomb.

« Vous verrez peut-être un jeune écervelé, flânant
nonchalamment à l'étude, et tandis qu'il est transi par
le froid de l'hiver, et que, comprimé par la gelée, son
nez humide dégoutte, ne pas daigner s'essuyer avec
son mouchoir avant d'avoir
humecté de sa morve hon-
teuse le livre qui est au-
dessous de lui. Plût aux
dieux qu'à la place de ce
manuscrit on lui eût donné
un tablier de savetier! Il
a un ongle de géant, par-
fumé d'une odeur puante,
avec lequel il marque l'en-

Fig. 80. — Exemple condamnable
de la manière de tenir un livre.

droit d'un plaisant passage. Il distribue, à différentes
places, une quantité innombrable de fétus avec les
bouts en vue, de manière à ce que la paille lui rappelle ce que sa mémoire ne peut retenir. Ces fétus de
paille que le ventre du livre ne digère pas et que personne ne retire, font sortir d'abord le livre de ses joints
habituels, et ensuite, laissés avec insouciance dans
l'oubli, finissent par se pourrir. Il n'est pas honteux de
manger du fruit ou du fromage sur son livre ouvert et
de promener mollement son verre tantôt sur une page,
tantôt sur une autre, et, comme il n'a pas son aumô-
nière à la main, il y laisse les restes de ses morceaux.
Il ne cesse dans son bavardage continuel d'aboyer
contre ses camarades et, tandis qu'il leur débite une

foule de raisons vides de tout sens philosophique, il
arrose de sa salive son livre ouvert sur ses genoux.
Quoi de plus! Aussitôt il appuie ses coudes sur le volume et, par une courte étude, attire un long sommeil;
enfin, pour réparer les plis qu'il vient de faire, il roule
les marges des feuillets et les déchire, au grand
préjudice du livre.

« Mais la pluie cesse et déjà les fleurs apparaissent
sur la terre; alors notre écolier, qui néglige beaucoup
plus les livres qu'il ne les regarde, remplira son volume
de violettes, de primevères, de roses et de feuilles;
alors il se servira de ses mains moites et humides de
sueur pour tourner les feuillets; alors il touchera de
ses gants sales le blanc parchemin, et parcourra les
lignes de chaque page avec son index recouvert d'un
vieux cuir; alors en sentant le dard d'une puce qui le
mord, il jettera au loin le livre sacré, qui reste ouvert
pendant un mois, et est ainsi tellement rempli de poussière, de petits gravats, qu'il n'obéit plus aux efforts
de celui qui veut le fermer. .

« Il y a aussi des jeunes gens impudents auxquels
on devrait défendre spécialement de toucher aux livres,
et qui, lorsqu'ils ont appris à faire des lettres ornées,
commencent vite à devenir les glossateurs des magni-
fiques volumes que l'on veut bien leur communiquer,
et où se voyait autrefois une grande marge autour du
texte : on aperçoit un monstrueux alphabet ou toute
autre frivolité qui se présente à leur imagination et que
leur pinceau cynique a la hardiesse de reproduire. Là
un latiniste, là un sophiste, ici quelques scribes ignorants font montre de l'aptitude de leur plume, et c'est

ainsi que nous voyons très fréquemment les plus beaux manuscrits perdre de leur valeur et de leur utilité.

« Il y a également de certains voleurs qui mutilent considérablement les livres, et qui, pour écrire leurs lettres, coupent les marges des feuillets en ne laissant

Fig. 81. — Vue perspective de la Bibliothèque Sainte-Geneviève (1692).

que le texte, ils arrachent même les feuilles de garde pour en user ou en abuser. Ce genre de sacrilège devrait être défendu sous peine d'anathème.

« Enfin, il sied à l'honnêteté des écoliers de se laver les mains en sortant du réfectoire, afin que leurs doigts graisseux ne tachent point le signet du livre ou le feuillet qu'ils tournent. De plus, que l'enfant larmoyant n'admire point les miniatures des lettres capitales, de peur qu'il ne pollue le parchemin de ses mains humides, car il touche de suite à ce qu'il voit. Que désormais les laïcs, qui regardent indifféremment un livre renversé comme s'il était ouvert devant eux dans son sens naturel, soient complètement indignes de tout commerce avec les livres. Que le clerc couvert de cendres, tout puant de son pot-au-feu, ait soin de ne

Fig. 82. — Vue de l'une des travées de la Bibliothèque Sainte-Geneviève.

pas toucher, sans s'être lavé, aux feuillets des livres ; mais que celui qui vit sans tache ait la garde des livres précieux*.

« La propreté des mains, à moins qu'elles ne soient galeuses ou couvertes de pustules, convient aussi bien aux écoliers qu'aux livres. Toutes les fois que l'on remarque un défaut dans un livre, il faut y porter remède au plus tôt, car rien ne grandit plus vite qu'une

* Psaume xiv, 2.

déchirure, et la fracture qui est négligée un moment ne se répare dans la suite qu'avec dépens. »

A côté de ces écoliers qui auraient eu, peut-être, quelque excuse à faire valoir, on ne peut que blâmer les *conservateurs* de la Bibliothèque de Subiaco pour le peu de soins qu'ils ont des livres et des manuscrits dont ils sont les dépositaires; il existe aussi une espèce particulière de gens sans ordre et sans soin *, considérant le livre comme un hochet propre à se distraire.

Jules Janin, dans *L'Amour des livres*, les a peints avec esprit et verve : « Nous avons naturellement en grande horreur et dans le plus profond mépris, disait-il, les bonnes gens qui vont pensant : « Ma foi! que le livre soit riche ou pauvre, entier ou déchiré, qu'il ait appartenu à madame de Sévigné ou à Bélise ; qu'il sente l'œillet ou le graillon, l'ambre des courtisanes ou le parfum léger de l'honnête femme, c'est toujours un livre.... Et peu m'importe, après tout, qu'il vienne du Louvre ou du Pont-Neuf! » O l'exécrable opinion! la monstruosité misérable! Et quoi de plus bête, enfin, que ces façons de lire et d'agir? — Ça vous est égal, messieurs les lecteurs sans odorat, de tenir dans vos mains mal lavées un bouquin taché de lie, où la fille errante et le laquais fangeux ont laissé la trace ineffaçable de leurs doigts malpropres et de leur tête mal peignée? Ça vous est

---

* Que répondre, écrit M. le Dʳ Arnim Graesel, dans son *Manuel de bibliothéconomie*, à ceux qui ne considèrent les mesures de propreté que comme une élégance superflue? Il suffit, croyons-nous, pour leur prouver qu'ils se trompent et pour les convaincre que la propreté est une des conditions *sine qua non* de la conservation des livres, de leur montrer l'un quelconque de ces malheureux volumes, qui, pour avoir trop longtemps croupi dans la saleté et la poussière, sont aux trois quarts détruits.

Fig. 83. — Les *conservateurs* de la Bibliothèque de Subiaco.

égal de feuilleter une sentine et de respirer à chaque
page une abominable exhalaison d'écurie ou de mauvais
lieu? Ces tristes messieurs et ces sottes femmes, les
non difficiles, appellent « livre » une loque infecte, un
haillon qui n'a plus de nom dans aucune langue. Ah fi!
je ne voudrais pas lire dans ces pages souillées même
les plus belles pages de l'esprit humain. Non! pas
même Priam aux pieds d'Achille et pleurant « sur les
mains qui ont tué son fils », Euripide amenant Iphi-
génie à l'autel, Anacréon sous sa vigne ou le cyclope de
Théocrite contemplant les flots de ton rivage, ô Sicile!

« Il n'y a rien de beau et de bon, rien d'héroïque et
de grand dans un livre humilié, sali, plein de vilenies
et d'immondices, voire dans quelqu'une de ces publications achetées par un idiot, doré sur tranche (on parle
ici du livre et non pas de l'homme), ou toute autre im-
pureté; et quiconque nous dira ce refrain bête : « Ça
m'est égal! », celui-là ne sait pas lire.

« Il n'a lu que des journaux de cabaret, des romans
de cabinet de lecture ou l'histoire de Cartouche et de
Mandrin.

« Demandez-lui en même temps si ça lui est égal de
donner le bras à quelque femme suspecte, qui s'en va
par la rue en traînant la savate, le jupon crotté et le
nez au vent. Demandez-lui si ça lui est égal, à lui-
même, une tache à son habit et des trous à ses bottes.

« Non, non, les honnêtes gens, les gens qui se res-
pectent ne tomberont jamais dans la possession de ces
livres crapuleux. Ils les laisseront dans leur fange et
dans leur abomination, non loin des cartonnages de
ces bandits armés du ciseau, qui ont causé plus de

dégâts que les ravageurs armés de la torche. — Un
digne ami des livres respectera ses heures d'étude et
de loisir; il se croira tout simplement déshonoré de
réunir tant de souillures, en de si tristes enveloppes, à
toutes les fleurs du bel esprit. Il faut à l'homme sage
et studieux un tome honorable et digne de sa louange.
Il ne saurait s'accommoder de ces imprimeries bâtar-
des, où le hasard est le prote, où l'aventure est la
brocheuse, où le relieur compte sur la marge ajoutée
au prix de son travail; où rien ne tient, ni le papier, ni
l'encre, et pas même le fil cousant l'un à l'autre ces
feuillets où l'esprit fait une tache, où le génie est un trou.

« Ces réimpressions de nos chefs-d'œuvre, pleines
de fautes, disons mieux, pleines de crimes, il y a pourtant des gens qui les achètent et qui les font relier en
basane par des cordonniers manqués dont on fait des
relieurs! Ces livres ainsi bâtis, qui puent la colle et
l'œuf pourri, que le ver dévore, et qui tournent au jau-
nâtre, grâce aux ingrédients de paille et de bois pourris
par lesquels le chiffon de toile est remplacé, ces misé-
rables in-octavo, l'exécration du genre humain lettré,
il y a cinquante imbéciles, cinquante ignorants, autant
d'usuriers, plusieurs idiots, vingt repris de justice, et
de graves filles de joie un peu lettrées, sans compter
une douzaine de marquises de nouvelle édition, qui les
enferment avec soin dans une bibliothèque richement
sculptée.

« Elles ferment leur bibliothèque à la clef, et à double,
à triple tour, comme si quelqu'un voulait leur dérober
leur Voltaire en quatre-vingts volumes; leur Jean-Jac-
ques Rousseau-Touquet, leur Buffon, leur d'Alembert,

leur Biographie infamante, et le monceau de romans en vingt tomes illustrés par les illustrateurs du *Juif-Errant* ou de *Crédit est mort!* — « C'est un ornement, disent-elles, une bibliothèque, et ça peut servir. » — Ça ne sert qu'à te déshonorer et à prouver que tu es un imbécile, ignorant et mauvais lecteur que tu as toujours été! »

En fait de soins à donner aux livres, nos pères avaient appris, par expérience et par une longue pratique, comment il fallait préserver ces « bons amis » de toute blessure, de toute souillure, de toute atteinte nuisible.

Après J. Janin, après Richard de Bury, après Darche, nous citerons un article du *Library Journal* de New-York, ayant pour titre : *Ce qu'on ne doit pas faire avec les livres.*

Fig. 84.—Chaire pour lire au lit (xvi⁰ siècle). Troisième periode de la Renaissance.

« Ne pas lire au lit; ne pas faire d'annotations à moins qu'on ne soit un Coleridge; ne pas faire de cornes à ses livres; ne pas couper brusquement les livres neufs; ne pas écrire son autographe sur les titres; ne pas faire à un livre d'un dollar une reliure

de cinq dollars; ne pas mouiller le bout de ses doigts pour tourner plus facilement les feuilles; ne pas lire à dîner; ne pas confier des livres précieux à des relieurs inhabiles; ne pas couper les livres avec les doigts; ne pas poser à plat les livres ouverts; ne pas laisser tomber sur ses livres la cendre des cigares; ne pas fumer, ce qui vaut mieux, en lisant, car cela nuit à l'acuité de la vision; ne pas détacher les gravures des titres des livres anciens; ne pas placer les livres contre le visage; ne pas faire sécher les feuilles dans les livres; ne pas placer de rayons au-dessus des becs de gaz; ne pas tenir les livres par la couverture ou par les plats; ne pas éternuer sur les livres; ne pas arracher des feuillets de garde; ne pas acheter des livres de rebut; ne pas nettoyer les livres avec des torchons sales; ne pas remplir de livres les buffets et les tiroirs; ne pas faire relier ensemble des livres différents; n'enlever, sous aucun prétexte, les planches ou les cartes d'un livre; ne pas couper les livres avec des épingles à cheveux; ne pas faire relier les livres en cuir de Russie; ne pas placer les livres sous les tables et les chaises mal calées; ne pas lancer les livres après les chats et les enfants; ne pas briser le dos des livres en les ouvrant sans précaution; ne pas lire les livres trop près du poêle ou du feu, ni en hamac ou en bateau; ne pas laisser les livres prendre l'humidité *. »

Tous ces préceptes sont précis et nets, ils sont vrais et on ne peut guère y ajouter!

Nous mentionnerons à l'appui de ces leçons de goût, de véritable amour des livres, et comme exemple de

---

* *The Library Journal.* New-York. — Tome II, n° 4.

bon ordre, les bibliothèques des équipages de la flotte, dont tous les livres sont bien entretenus, classés avec soin, et dont les écritures qui se rattachent à la comptabilité sommaire dont ils font l'objet sont toujours en bon ordre et à jour.

La commission centrale observe d'ailleurs avec une grande attention les renseignements qui lui sont fournis, par les rapports des commissions locales, au sujet des préférences qui se manifestent chez les lecteurs, et elle y a égard dans ses travaux.

En dehors de cette constatation de l'empressement des hommes à fréquenter la salle de lecture pour se distraire, il est une tendance qui se manifeste de plus en plus, c'est celle qui les porte à rechercher dans la salle de lecture non plus seulement la distraction, mais les moyens de développer leur instruction et surtout leur instruction professionnelle. Ils demandent des ouvrages relatifs aux machines marines, au pilotage, à la navigation, ainsi que des collections des divers manuels en usage dans les équipages de la flotte, et des cartes marines.

Après cette initiation au sens du livre, à sa manipulation et aux soins dont il doit être entouré, nous allons parler de la bibliothèque, de son agencement extérieur et intérieur et aussi de sa construction.

Les anciens renfermaient leurs bibliothèques dans des armoires adossées aux murs, comme elles le sont habituellement chez nous, ou bien placées au milieu des salles, de façon que l'on pût tourner autour. Les armoires-bibliothèques, dit L. Lalanne, étaient souvent en bois précieux, avec des ornements en ivoire et en

verre; le marbre et même l'or étaient employés pour
décorer les salles où elles étaient placées. Les habiles
architectes, selon Isidore de Séville, ne doraient pas
les plafonds des bibliothèques, parce que l'éclat de
l'or peut nuire aux yeux; ils les pavaient en marbre
vert, couleur qui est salutaire à la vue. Dans les
bibliothèques un peu considérables, les armoires étaient
numérotées, et les livres catalogués.

Les armoires destinées aux livres carrés renfermaient
des rayons à rebord formant plusieurs étages de plans
inclinés, sur lesquels les livres étaient placés à plat, à
côté les uns des autres, occupant ainsi une place égale
à leur largeur. La tablette sur laquelle les titres des
volumes étaient inscrits, se trouvait quelquefois au-
dessus de l'armoire, exposée ainsi à tous les regards*.

Pour décorer les bibliothèques on y plaçait aussi les
portraits et les statues des hommes célèbres. « Je ne
dois pas, dit Pline l'Ancien, omettre ici une invention
moderne**. Depuis quelque temps on conserve dans les
bibliothèques, en or, en argent, ou du moins en airain,
les bustes des grands hommes dont la voix immortelle
retentit dans ces lieux; et même, quand leur image ne
nous a pas été transmise, nos regrets y substituent les
traits que notre imagination leur prête; c'est ce qui est

---

* E. WERDET. *Histoire du livre en France.* Paris, E. Dentu,
1861. In-18.

** Pour se former une idée des *Armarium librorum* chez
les anciens, on peut examiner les dessins donnés par
G. Pancirol, dans la *Notice des dignités de l'Empire* (Notitia
dignitatum utriusque imperii orientis scilicet occidenti ultra
arcadij honoriique tempora). — Pag. 254. *De Armariis librorum
hic a notitia representatis.* Genevæ, 1625, in-folio, et ceux reproduits par Schwartz, dans son traité : *De re libraria.* · · · ·

Fig. 85. — Armoire à livres, d'après une peinture du Bas-Empire.

arrivé pour Homère, et, certes, je ne conçois pas de
plus grand honneur pour un mortel, que ce désir
qu'éprouvent des hommes de tous les siècles de savoir
quels ont été ses traits. L'usage dont je parle fut établi
à Rome par Asinius Pollion, qui le premier, ouvrant
une bibliothèque publique, rendit le génie des grands
hommes le patrimoine des nations. Je ne pourrais dire
si les rois d'Alexandrie et de Pergame, qui se disputè-
rent la gloire de fonder des bibliothèques, n'ont pas
fait la même chose avant nous*. »

La disposition adoptée par les amateurs de Rome**,
pour loger les livres, était assez ingénieuse. Tout
d'abord ils choisissaient une pièce donnant au levant :
petite, simple, d'un jour discret ou quelquefois même
presque obscure, cette pièce était garnie de riches.
rayons généralement construits en bois précieux ou

---

* Cf. *Histoire naturelle*, I, xxxv, c. 2, traduction de
M. Gueroult.

** C'est surtout à Rome que vous auriez trouvé, au commencement de l'ère chrétienne, de riches dépôts de livres, formés
et organisés par des savants, qui n'étaient pas encore des
linguistes de profession, comme nous disons aujourd'hui, mais
qui s'intéressaient à des ouvrages écrits en des langues très
diverses. Les auteurs étrusques avaient fourni leur part
aux richesses de la bibliothèque dont César confia le soin au
premier érudit de son temps, Terentius Varron. Après la
conquête de l'Afrique sur les Carthaginois, on avait rapporté
de ce pays des livres écrits en langue punique, c'est-à-dire
phénicienne, particulièrement des traités d'agriculture, qui
furent bientôt traduits en latin pour l'usage des Romains; mais
la Grèce surtout inondait les marchés de Rome par l'abondance
de ses produits; et, la littérature romaine rivalisant de fécon-
dité avec celle des Grecs, il avait fallu créer, dans les principales bibliothèques de Rome, deux départements, comme on
dirait aujourd'hui, l'un pour le grec, l'autre pour le latin, dont
chacun avait son conservateur. E. EGGER, *Histoire du livre depuis
ses origines jusqu'à nos jours*. Paris, (s. d.) In-18.

rares : cèdre, ébène, chêne, bois à essence forte ou
parfumée, ornés d'incrustations en ivoire ou en métal.

!Fig. 86. — Reconstitution de la Bibliothèque d'un Romain.

C'est sur ces rayons que les volumina étaient couchés,
tandis que les codices, appelés libri à partir du
IVᵉ siècle, étaient placés debout. De chaque volumen
s'échappait un morceau de parchemin sur lequel se

trouvait inscrit le titre ou la partie de l'ouvrage, si
ce dernier en formait plusieurs. Afin d'éviter toute
confusion, chaque ouvrage contenant plusieurs parties : tomes, livres, volumes, dirions-nous aujourd'hui,
se trouvait renfermé dans une cassette, une « capsa »
(voir fig. 5), chaque tome étant écrit sur un parchemin séparé et formant, par conséquent, un rouleau
différent. Voici la description que Pline le Jeune
nous donne de la bibliothèque installée dans sa
maison de campagne du Laurentin : « A l'angle,
il y a une chambre en forme d'abside dont les
fenêtres reçoivent successivement le soleil à tous
les degrés de sa course. On a inséré dans le mur
une armoire qui me sert de bibliothèque et qui contient, non les livres qu'on lit une fois, mais ceux qu'on
relit sans cesse ». Plus rares étaient les livres et les
amateurs pendant la rude période du moyen âge*,
temps des guerres barbares, des combats singuliers,

---

* Dans son *État des sciences sous Charlemagne*, l'abbé Jean
Lebeuf mentionne que déjà, à cette époque, la disette des livres
fit un tort considérable; Alcuin lui-même en était dépourvu, et
ne citait beaucoup d'auteurs que de mémoire.

Dans un endroit, il se plaint qu'il manque en France de plusieurs livres de belles-lettres qu'il avait en Angleterre; il dit
ailleurs qu'il n'a point les ouvrages de Pline. Ici, il cherche le
traité de saint Augustin; là, son exemplaire des Lettres de
saint Grégoire le Grand le jette dans une méprise, faute d'en
avoir eu plusieurs pour voir la différence, et reconnaître que le
sien n'était pas complet. On lisait les auteurs païens dans les
écoles de l'ordre de Cluny.... On y regardait cette étude comme
fort propre pour l'intelligence des livres saints; et, pour se
servir du langage de Jean de Sarisbery, ils cherchaient l'or de
la sagesse, à l'exemple de Virgile, dans la boue d'Ennius. Mais,
quoiqu'il y eût des maîtres et des écoliers pendant le XIᵉ siècle,
la science de ce temps là ne pouvait pas être fort profonde : le
nombre des livres était encore trop petit pour former de vrais
savants.... Les maîtres n'étaient pas moins rares que les livres.

et où les nobles, les riches étaient d'une ignorance plus profonde que dans le clergé et certaine partie du peuple. Alors les livres se trouvaient seulement dans les couvents, les écoles épiscopales et aussi dans les bibliothèques. A l'origine de cette période, les livres, comme les bijoux et tous les objets précieux, étaient renfermés dans des coffres en chêne massif, aux pentures de métal très ouvragées; c'étaient, pour ainsi dire, les meubles qui, avec le vaste lit et les escabeaux, tenaient lieu de mobilier. Charles Lucas, auquel nous empruntons ces renseignements, ajoute ceci : « Pendant presque tout le moyen âge, et au commencement de la Renaissance, les bibliothèques particulières des grands seigneurs, alors composées d'un fort petit nombre d'ouvrages qu'ils emportaient avec eux dans leurs voyages et leurs expéditions militaires, ont dû être contenus dans des coffres comme leur vêtement et leur argenterie *. »

Au moyen âge, des *Leutrin* ou *Lectrum*** d'un méca-

---

* Un compte des Archives nationales (J. 961, n° 105) nous apprend que Claude Chappuis, bibliothécaire de François Ier, emballa des caisses entières de livres qui devaient suivre le roi durnat ses voyages.

** — 1006. *Pulpitum ex ære deaurato fabrefactum, in quo evangelium in missa canebatur. (Ann. Ordini S. Bened. ap. Mabillon.)* — 1080. *Pulpitum gallice letrum et nota quod pulpitum est assensus graduum ad locum ubi legitur, quia letrum sive analogium est id super quod ponitur liber.* (Dict. Joh. de Garlandia). — 1248. Ki velt faire i letris por sus lire évangille, ves ent ci le mellor manière que jo sace : ves ent ci le portrait. — En miliu des iij colonbes doit avoir une verge qui porte le pumiel sor coi li aile siet — Par chu fait om dorner la teste del aquile vers le diachene kant list le vangile (VILLARS DE HONNECOURT). — 1363. Un lestrin de bastons et pièces quarrées, d'argent blanc, à mettre soubz un livre, poise xxi marcs, ij onces (Invent. du duc de Normandie). — 1380. Un letrin de fer, ouvré à fers de moulin (Inventaire de Charles V). — 1399. Un letrin en façon d'un coffre

nisme ingénieux, permettaient de pouvoir feuilleter, dans les salles d'études et sans les déplacer, les énormes volumes en parchemin. Il y en avait de longs pour servir dans les bibliothèques ; il y en avait de toutes formes dans le chœur des églises, mais l'ange et l'aigle aux ailes éployées étaient les plus ordinaires, on disait couramment l'ange et l'aigle pour le pupitre, c'est ainsi que le qualifie Villars de Honnecourt, en indiquant un mécanisme pour faire tourner la tête de l'oiseau vers le diacre qui lit l'évangile (Cf. note page 82).

Dans bien des couvents, on insérait une armoire dans l'épaisseur même de la muraille

Fig. 87. Enguerand de Monstrelet, historien, prévost de Cambray et Bailli de Walincourt. Ms. de la Bibliothèque nationale.

et on y logeait les manuscrits et les livres. On avait aussi des pupitres ou des lutrins portatifs sur lesquels

lequel est d'ivoire blanc et noir et historié de plusieurs jmaiges (Inventaire de Charles VI). — 1450. Letrins volansou à cygolgnes sur les chaeses. (Ap. Du Gange). — 1477. A. Guillaume Boyvin, huchier, pour ung marchepié fait pour mectre devant l'angre du cueur de l'église — xve siècle (Archives de la Seine-Inférieure). LÉON DE LABORDE, *Glossaire français du moyen âge.* Paris, Adolphe Labitte, 1872, in-8°.

le livre était enchaîné. Cette mode d'enchaîner le livre
sur une table, sur un pupitre à hauteur d'homme ou

Fig. 88 à 91. — Lutrins des XVᵉ, XVIᵉ, XVIIᵉ et XVIIIᵉ siècles.

sur un lutrin était encore fort répandue au XVIIᵉ siècle
comme, par exemple, dans la bibliothèque de Leyde, où
tous les volumes, placés sur un seul rang et le dos

tourné vers le fonds du rayon, la gouttière en avant, présentent cette particularité si l'on s'en rapporte à l'estampe que nous avons reproduite (fig. 109).

Au moyen âge, pour confirmer plus énergiquement cette prohibition tacite du « prêt » du livre, des inscriptions indiquaient au lecteur le soin qu'il devait en prendre et se terminaient souvent par une imprécation vouant à la damnation éternelle le spoliateur ou le voleur*.

Un règlement de l'ancienne bibliothèque de la Sorbonne, diffèrent de ceux que nous avons reproduits pages 59 à 61, mentionne que les livres devaient être retenus par des chaînes de fer aux pupitres qui les supportaient.

Selon M. L. Lalanne, dès les premiers siècles de l'Église, la cherté des livres avait aussi donné lieu à une louable coutume. On suspendait, dans un certain endroit des églises, les Écritures ou quelque livre de prières, pour que les fidèles pussent venir le consulter. Cette coutume remonte au moins au ve siècle, car voici ce qu'on rapporte de l'abbé Gélase, qui vivait vers 450 :

« Il avait un livre, écrit en parchemin, contenant l'Ancien et le Nouveau Testament, qui valait 18 sous d'or, et l'avait enchaîné dans l'église, afin que tous les frères le pussent lire. Un moine étranger le déroba, et le

---

* Il existe, dans les Archives municipales de Senlis, un manuscrit relié en bois, et muni d'une chaîne de fer; il est appelé le *Capitulaire enchaîné*; il contient les chartes de commune depuis le xiiie siècle. Les reliures ferrées des manuscrits qui sont venus jusqu'à nous avec leur ancienne couverture, portent encore l'anneau dans lequel roulait la chaîne fixée au pupitre (voir fig. 92). — M. Victor Advielle, collectionneur érudit, possède un manuscrit d'Aristote, in-4, xve siècle, dans sa forte reliure du temps, et qui a conservé la chaîne en fer qui le retenait au pupitre de quelque vieux collège.

saint vieillard ne le poursuivit point, quoiqu'il s'en fut aperçu. L'autre étant allé dans la ville, chercha à le vendre, et en demanda 16 sous d'or. Celui qui voulait l'acheter lui demanda la permission de l'examiner, et le porta, pour cet effet, à l'abbé Gélase, qui lui dit : « Achetez-le, il est beau, et vaut bien ce prix. » L'acheteur dit au vendeur : « Je l'ai montré à l'abbé Gélase, et il m'a dit que c'est trop cher, et qu'il ne vaut pas le prix que vous dites. » Le vendeur lui dit : « Ne vous a-t-il rien dit de plus? — Non, répondit l'autre. » Alors il répondit : « Je ne veux plus le vendre. » Et, touché de repentir, il vint trouver Gélase, et lui voulut rendre son livre; mais l'abbé refusa de le reprendre. Le moine lui dit : « Si vous ne le reprenez, je n'aurai point de repos. » Il le reprit donc, et le moine étranger, converti par cette action, demeura avec lui jusqu'à sa mort*. »

En 1497, l'un des régents de la Faculté de médecine de Paris avait pour domestique un sieur Philbert qui s'introduisit dans la bibliothèque, et y déroba plusieurs volumes, dont deux seulement purent être aussitôt recouvrés; le coupable fut arrêté et mis en prison pour trois mois. La Faculté dut prendre des mesures sévères, et, sans écouter aucune réclamation, ferma momentanément la bibliothèque. En même temps, le doyen Richard Hélain donna deux écus d'or pour acheter des chaînes de fer destinées à attacher les livres sur les tables**. Ces chaînes étaient encore conservées à l'école

---

* Fleury, *Histoire Ecclésiastique*, liv. XXVIII, c. 38.
** *Die novembris* 1509, *Facultas gratias egit amplissimas Magistro Richardo Helain, quod, ad ligandos in burello libros cum catenis ferreis, duo scuta dedisset.* — *Synopsis rerum memorabilium*, etc., p. 101. — T.-B. Bertrand, *Annales medici manuscripti*, p. 355.

Fig. 92 à 94. — Grand lutrin sculpté provenant de l'église de Ramsay
avec son antiphonier retenu sur le pupitre par une chaîne (xv° siècle).
Autres lutrins, en bronze, de la même époque.

de médecine en 1770; elles ont disparu depuis, avec
tant d'autres précieux souvenirs de cette époque.

Au moyen âge, on donnait à ces livres le nom de
catenati (enchaînés)* parce que l'on avait soin de les
attacher avec des chaînes de fer ou de cuivre, scellées
dans le mur. Ce mot avait été adopté pour expliquer un
fait : on *enchaînait* les livres comme les criminels et les
animaux de garde, mais pour d'autres raisons; souvent
dans les chartes, inventaires, catalogues et écrits du
temps, on trouve les mots *cathenare* et *cathenizare*. Du
Cange en cite deux exemples, que l'on pourrait multiplier à l'infini. *Legavit libros... volens ut ad librariam
nostram ponantur et Cathenentur*. Et plus bas : *Promit-
timus... prædictos libros ad nostram libreriam Cathenizare*. L'histoire des anciennes Bibliothèques de Paris
en fournit des exemples à chaque page. « Ce n'étaient
pas des livres couverts d'or et d'argent, des reliures

---

* L'évêque de Paris, Guillaume Chartier, de Bayeux, qui
mourut le 1er mai 1472, légua à la cathédrale treize manuscrits
très beaux, *pulcherrima*, dont un recueil contenant tout le
procès de la Pucelle d'Orléans. Martial d'Auvergne dit dans ses
Vigilles de Charles VII :

> Ledit procès est enchesné
> En la librairie Nostre-Dame
> De Paris; et fut là donné
> Par l'évesque, dont Dieu ayt l'ame.

Les règlements monastiques contiennent tout un arsenal de
peines édictées contre ceux qui volent ou détruisent les livres.
Les moines de Saint-Victor, qui avaient édicté la peine de l'excommunication contre quiconque les dépouillerait d'un livre,
eurent à subir au xvie siècle les railleries de maître François
Rabelais. On connaît le catalogue fantastique qu'il a dressé de
leur bibliothèque, qui était belle et nombreuse. Tout le sel de
Rabelais consiste dans l'énumération de titres comme celui-ci :
Item, pois au lard avec commentaire. Depuis longtemps la légende
s'était emparée de l'amour immodéré que les livres inspiraient
dans les monastères.

orfévrées, comme le remarque M. Paul Lacroix dans ses *Curiosités de l'histoire des Arts*, que l'on enchaînait dans les bibliothèques et dans les églises; elles n'eussent pas été en sûreté dans la main du premier venu. On les serrait au contraire dans les *Armoires* aux trésors, avec les reliques (voir fig. 106). Les livres qu'on attachait avec des chaînes de fer ou de cuivre dans le mur des églises étaient reliés en bois massif, avec des coins et des bordures de métal; c'étaient aussi des Bibles, des Évangéliaires et des Missels, que des legs pieux mettaient à la disposition des fidèles. On enchaînait de la même manière les livres de certaines bibliothèques au moyen âge, et les reliures épaisses et ferrées de quelques-uns qui sont venus jusqu'à nous avec leur ancienne couverture portent encore l'anneau dans lequel roulait la chaîne fixée au pupitre. »

La ville d'Hereford* est incontestablement la plus

---

* La Bibliothèque de la cathédrale d'Hereford a été religieusement conservée dans son état primitif : livres, chaînes, boiseries, rien n'a été changé; le visiteur se trouve reporté à quatre siècles en arrière. Elle contient environ 2000 volumes, tous d'une grande rareté et d'une conservation admirable. Ils sont, pour la plus grande partie, écrits en latin *. On y compte 256 manuscrits, dont le plus ancien est une copie, faite en anglo-saxon, des quatre évangélistes. Cet ouvrage fut légué à la cathédrale par Athelstan, le dernier évêque saxon de ce diocèse, et qui occupa le siège épiscopal de 1012 à 1056. Un autre manuscrit plus précieux encore, la Liturgie d'Hereford, admirablement écrit, fut achevé dans ce diocèse en l'an 1265. On y voit encore : un exemplaire original de la Bible de Wickliffe, très richement relié; d'autres Bibles de 1480 à 1690; Gerroni *Opera*, 1494; Hartmanni *Chronicon*, 1493; Higden's *Polychronicon*, avec additions par William Caxton, 1495; *Ptolemæi geographia*; *Legenda Aurea*, 1483, par Caxton; *Lyndewodus super Constitutiones provinciales*, et un livre ayant trait à la messe, 1475; ces deux

* Ils portent sur le dos, entre chaque nerf de la reliure, deux A entrelacés.

Fig. 95. — Livres enchaînés.
Bibliothèque de la cathédrale d'Hereford.

riche en Bibliothèques dont les livres soient restés
enchaînés : la Bibliothèque de la cathédrale et celle de
l'*Église de tous les Saints* en sont les plus beaux spéci-
mens; l'accès en est difficile, ce qui explique un peu
leur conservation dans l'état primitif. Il est hors de
contestation que cet usage remonte à une date très
reculée, qu'il s'est introduit peu à peu dans les mœurs
littéraires, et qu'au xive siècle il n'était pas encore généralement admis, puisque Richard de Bury, dans son
Philobiblion, parle en plusieurs endroits d'*armoires*, de
coffres, de *sacs* et de *paines* pour les livres; on avait
donc encore alors plusieurs modes de conservation
pour les livres, et tous n'étaient pas encore enchaînés.

Nous savons qu'il fit don de sa Bibliothèque par cha-
rité, et que ses livres, transportés à Oxford, furent enchaînés, *selon sa volonté*, et pour observer le règlement
qu'il avait fait lui-même. En plaçant donc entre
les xie et xiie siècles la coutume qui tendait à se géné-
raliser d'enchaîner les livres, on doit approcher de la
vérité : l'invention de l'imprimerie fit tomber cette
coutume en désuétude, comme l'usage des armes à feu
rendit inutile l'armure des anciens chevaliers. Deux faits
suffiront à prouver que de bonne heure, vers l'invention de l'imprimerie, on cessa d'enchaîner les livres.
Le savant liturgiste Lebrun-Desmarettes, qui, sous

derniers volumes sont des plus anciens livres imprimés. Outre
les livres, les archives de la cathédrale contiennent aussi beaucoup de reliques curieuses, des coffres de chêne, des fragments
de croix ou d'ouvrages de pierre. La fameuse mappemonde datée de l'an 1314, et que l'on croit, après celle de la cathédrale
de Florence, être la plus ancienne existante, a été enlevée de
la Bibliothèque, et se trouve maintenant placée, pour la commodité des visiteurs, dans l'une des ailes du cloître.

le titre de *Voyages liturgiques* et le nom de Sieur de
Mauléon, nous a laissé de si précieuses notes sur les
usages de l'Église de France à la fin du règne de
Louis XIV, remarque comme une chose extraordinaire,
en parlant de Saint-Gratien de Tours, que la « Bibliothèque de cette église, qui tient la longueur d'une
galerie du cloître, est toute remplie de beaux manuscrits posez et enchaînez sur des pupitres, tant au
milieu que du côté de la muraille ». Il n'était pourtant ni un enthousiaste, ni un ignorant. Ceux qui
seraient tentés de rechercher ces cloîtres seront bien
étonnés sans doute d'apprendre qu'ils sont transformés
en écuries, et que les chevaux remplacent les livres.

Au siècle suivant, Claude Charvet, un autre savant
modeste, qui avait donné l'histoire de l'Église de
Vienne, n'avait dit qu'un mot du *Tornafolium* en traitant de la Bibliothèque; il fut plus explicite pour
répondre à la demande écrite de l'abbé Deville, sacristain
de l'Église de Lyon, qui désirait savoir si à Vienne,
comme à Lyon, existait l'*usage singulier* d'enchaîner
les livres, et entre autres le *Livre des Statuts*, capitulaires
renouvelés au xive siècle, et qu'on venait consulter dans
la salle du Chapitre où il était enchaîné, volume connu
sous le nom de *Liber incatenatus*, livre enchaîné, et
dans d'autres églises sous celui plus singulier et plus
vulgaire de *barbet, barbetum*, peut-être, dit-il, parce
qu'il était regardé comme un chien à l'attache.

La coutume d'attacher avec une chaîne fixée soit
à un mur, soit à une table dans la salle capitulaire,
soit derrière l'autel ou à un pilier dans les églises,
certains livres écrits à la main, à l'usage des fidèles.

Fig. 96. — Chaire, Pupitre et Coffre à livres (xvᵉ siècle),
d'après un manuscrit des *librairies* de Bourgogne
(Bibliothèque royale de Bruxelles).

des moines ou des clercs, était très ancienne à Lyon. Dans l'obituaire de Saint-Jean, on voit que Thibaud de Vasselieu, chanoine, légua au chapitre, par son testament du 23 mai 1327, une *Vie des Saints*, sous la condition que ce volume serait mis à la chaîne derrière l'autel de Saint-Jean : « *Item dicte ecclesie Lugdunensi dedit et legavit librum suum de floribus sanctorum ut ponatur in cathena retro altare beati Johannis.* »

Yves, abbé de Cluny, donna par testament (1257), à son monastère, les Évangiles expliqués pour être lus au réfectoire, et vingt-deux autres volumes, *qui demeureront attachés par des chaînes scellées au mur du cloître**.

Très commun avant l'invention de l'imprimerie, cet usage se conserva dans les communautés religieuses. Charvet se rappelle avoir vu dans une église de moines un très beau livre de chœur enchaîné à un grand lutrin. L'éditeur W. Pickering a publié, en 1833, la gravure d'un magnifique lutrin sculpté provenant de l'église de Ramsay (Huts). L'antiphonier est retenu sur le pupitre par une chaîne (fig. 92); on assigne à ce meuble la date de 1450 et peut-être une plus reculée. Avec l'imprimerie, les livres se multiplièrent ; les chaînes ne suffisant plus, les corporations et les communautés obtinrent des Papes des sentences d'excommunication

---

* Les bibliothèques monastiques de Toulouse étaient autrefois fameuses. On y voyait encore, au xviiie siècle, des livres énormes fixés sur les pupitres au moyen de chaînes de fer, et il était défendu d'emporter aucun volume sous peine d'excommunication.

Les archives de la ville renferment maintenant quelques-uns de ces livres, solidement reliés avec des planchettes de sapin que recouvre un cuir épais, et munis des chaînes qui servaient à les attacher.

contre ceux qui distrairaient des livres. Notre auteur viennois en rapporte un exemple assez singulier. Le cardinal d'Amboise, légat du Saint-Siège, ayant besoin des Commentaires de saint Hilaire sur les Psaumes, qui se trouvent dans les archives de la Sainte-Chapelle de Bourges, on lui répondit qu'on ne pouvait les déplacer sans s'exposer à l'excommunication. Le légat se servit de toute son autorité pour les obtenir; mais il fallut absoudre juridiquement les chanoines des censures qu'ils auraient pu encourir pour les avoir prêtés. C'est par un souvenir traditionnel, quoique confus, de cet usage qu'ils ignorent, que les écoliers mettent sur leurs livres des formules imprécatives et dérisoires, contre les larrons, que chacun connaît*.

N'est-ce pas aussi par un souvenir de l'ancien usage d'enchaîner les livres dans les églises et de les placer dans des cages ou derrière des grillages près du pilier, que les affiches municipales, les publications officielles, etc., se placent dans des cadres fermés et grillagés? Les livres pourvus des anneaux qui les main-

---

* Nous donnons (fig. 97), la reproduction fac-similé d'un curieux document daté de 1502, qui montre que, pour se préserver de la perte pouvant résulter du larcin de ses livres, Arnoul le docte préférait les promesses de récompenses aux formules imprécatives.

Voici la transcription de ce document : « Arnoul le docte demourand à Conpenrecz confesse avoir reçu cestuy présent livre de messire Jehan le docte relligieux de l'abbaye et couvent de Saincte-Gennevièfve de Paris son oncle dont ledit Arnoul requier que se daucune aventure ledit livre estoit pardu ou prins par larrecin que le premier qui le trouuera ou qui sara ledit non et ledit village sy lui plaît de le rapporté volentiers et de bon cuer luy donnera le vin fait le mardy xııᵉ jour de juillet mil cinq cens et deux tesmoing mon seing manuel cy mis l'an et jour dessus dit. »

Fig. 97. — Fac-similé d'un fragment d'écriture du commencement du xvi⁰ siècle, se trouvant sur un des feuillets de garde d'un manuscrit composé de *mystères* du xv⁰ siècle.

tenaient enchaînés sont assez rares en France dans les grands dépôts littéraires ; presque tous ayant perdu leur ancienne reliure pour en prendre une plus moderne, il est difficile de déterminer la position de l'anneau. Pour les volumes plus considérables, les in-folio, l'anneau paraît généralement avoir été fixé à la partie supérieure, comme pour le livre du lutrin de l'église de Ramsay et ceux de la Bibliothèque de la cathédrale d'Hereford.

A Saint-Gratien de Tours, ainsi que nous l'avons dit précédemment, les livres étaient sur des pupitres, tant au milieu que du côté de la muraille ; à Notre-Dame de Paris, à Saint-Victor, les volumes étaient enchaînés à des pupitres désignés sur le catalogue par un numéro d'ordre. Les premiers livres imprimés que l'on prit pour des copies de manuscrits furent enchaînés, témoin l'exemplaire des *Lettres* de S. Jérôme, vendu à l'abbaye de Saint-Victor par P. Schœffer, et qui resta longtemps enchaîné comme manuscrit. La construction de la Bibliothèque de cette célèbre abbaye, commencée en 1501, ne fut achevée qu'en 1508 ; les livres, du moins les manuscrits, étaient rangés sur des pupitres et attachés avec des chaînes de fer : *Libros manuscriptos super pulpitis cum catenis conscriptos.* Il n'y avait pas de catalogue avant 1510, et l'on a lieu de supposer que les livres avaient été autrefois enchaînés au hasard sur les pupitres.

En 1406, un prêtre Henri Beda, ayant légué son bréviaire à l'église de Saint-Jacques-la-Boucherie, laissa en même temps à G. l'Exale, marguillier de ladite église, 40 sols parisis de rente, à la charge par lui de faire construire une cage pour y placer ce bréviaire.

La cathédrale du Mans a conservé un rare et curieux souvenir de ce vieil usage. Dans l'épaisseur du mur qui sépare le chœur du bas côté méridional, est pra-

Fig. 98. — Niche où était enfermé un bréviaire. Cathédrale du Mans.

tiqué un pupitre creusé dans la pierre. Cette sorte de niche est surmontée d'un petit fronton ogival et accompagnée d'une inscription latine, en caractères du commencement du xvᵉ siècle, qui peut se traduire ainsi :

« Maître Guillaume de Thélard, chanoine de cette église, a donné ce Bréviaire à l'usage des indigents.

Fig. 99. — Chaire, Pupitre et Bibliothèque (fin du xvᵉ siècle),
d'après un manuscrit des *librairies* de Bourgogne
(Bibliothèque royale de Bruxelles).

Priez Dieu pour lui. » Ce Bréviaire a disparu depuis un temps immémorial; mais on voit encore dans le mur les trous de scellement du grillage qui le protégeait et de la tablette qui le supportait.

Le volume était ainsi renfermé dans une sorte de cage à mailles assez larges pour que les doigts pussent tourner les feuillets, et assez étroites pour prévenir toute tentative de soustraction.

Ce n'était pas seulement des livres de dévotion que l'on mettait ainsi dans les églises. Les auteurs de *L'Art de vérifier les dates* font mention d'un livre enchaîné placé dans la cathédrale de Mâcon, et qui contenait la liste des seigneurs de cette ville. Dans les villes du Midi, le livre des statuts municipaux était souvent scellé au mur

Fig. 100. — (L'auteur écrivant son livre). Frontispice du Térence publié par Treschel, à Lyon, 1493.

par une chaîne de fer, et mis dans une cage fermée par des cadenas ou des serrures dont les consuls avaient seuls la clef.

Si nous nous en référons au frontispice d'un Térence de 1493, représentant l'auteur assis devant un livre ouvert devant lui et posé sur un pupitre, la bibliothèque, vue dans le fonds, est une sorte de bahut assez élevé et ouvert sur le devant; on y aperçoit les livres, non enchaînés, dans un certain pêle-mêle, peut-être un peu trop pittoresque. Les moines sont souvent figurés assis sur un coussin posé sur un siège élevé, les pieds

sur un tabouret afin d'avoir leurs jambes bien horizon-
tales, écrivant sur leurs genoux et ayant à leur portée
les manuscrits ou les livres qui leur étaient utiles. En

Fig. 101 à 104. — Auteurs et Clercs assis dans leur chaire.
Devant eux est le pupitre tournant, servant à lire ou à écrire.

tête du *Decamerone o ver cento novelle del Boccacio*,
première édition du Boccace illustré, publié à Venise
en 1492, du *Libri philomusi*, publié par Gruninger
à Strasbourg en 1497, et de plusieurs autres ouvrages

Fig. 103. — Cabinet de travail (xvᵉ-xviᵉ siècle).

du xve siècle et du commencement du xvie, les auteurs
ou les clercs sont représentés, soit occupés à écrire sur
un pupitre tournant, soit assis en chaire et professant,
ayant à côté ou devant eux un coffre ouvert sur le

Fig. 106. — Armoire aux trésors, à reliques et à manuscrits (xive siècle).
Cathédrale de Noyon.

côté, où se trouvent plusieurs manuscrits ou imprimés. Quelques lettres majuscules, principalement celles
employées par Antoine Vérard, avaient le centre occupé
par un clerc assis dans une chaire en bois sculpté,
écrivant sur un pupitre tournant.

Ce sont autant de documents que nous avons reproduits et dont quelques-uns (fig. 96 et fig. 99), font

voir qu'au moyen âge, lorsque les manuscrits furent
extraits des coffres où ils étaient conservés, pour les
placer en corps de bibliothèque, on les étalait les uns
à côté des autres, en les posant sur le plat dans la
situation inclinée des pupitres. Lorsque le nombre s'en
accrut, on les coucha horizontalement les uns au-dessus

Fig. 107. — Bibliothèque d'Abdul-Hamid.

des autres*, le titre développé sur le dos ou sur la
tranche, suivant que l'un ou l'autre se plaçait en
dehors; vint ensuite la position verticale du grand ou
du petit côté, le dos tourné vers le haut ou bien à
l'extérieur, comme cela se pratique aujourd'hui, résultat
de la progression croissante de tous les produits de la

* De nos jours, à Constantinople, la bibliothèque inaccessible
du vieux sérail se compose de nombreuses armoires à grillages,
derrière lesquels les manuscrits et les livres sont empilés,
moins soigneusement que des serviettes. On peut se rendre
compte de cette disposition par la figure ci-dessus.

Fig. 108. — Cabinet de travail (XVIIe siècle).

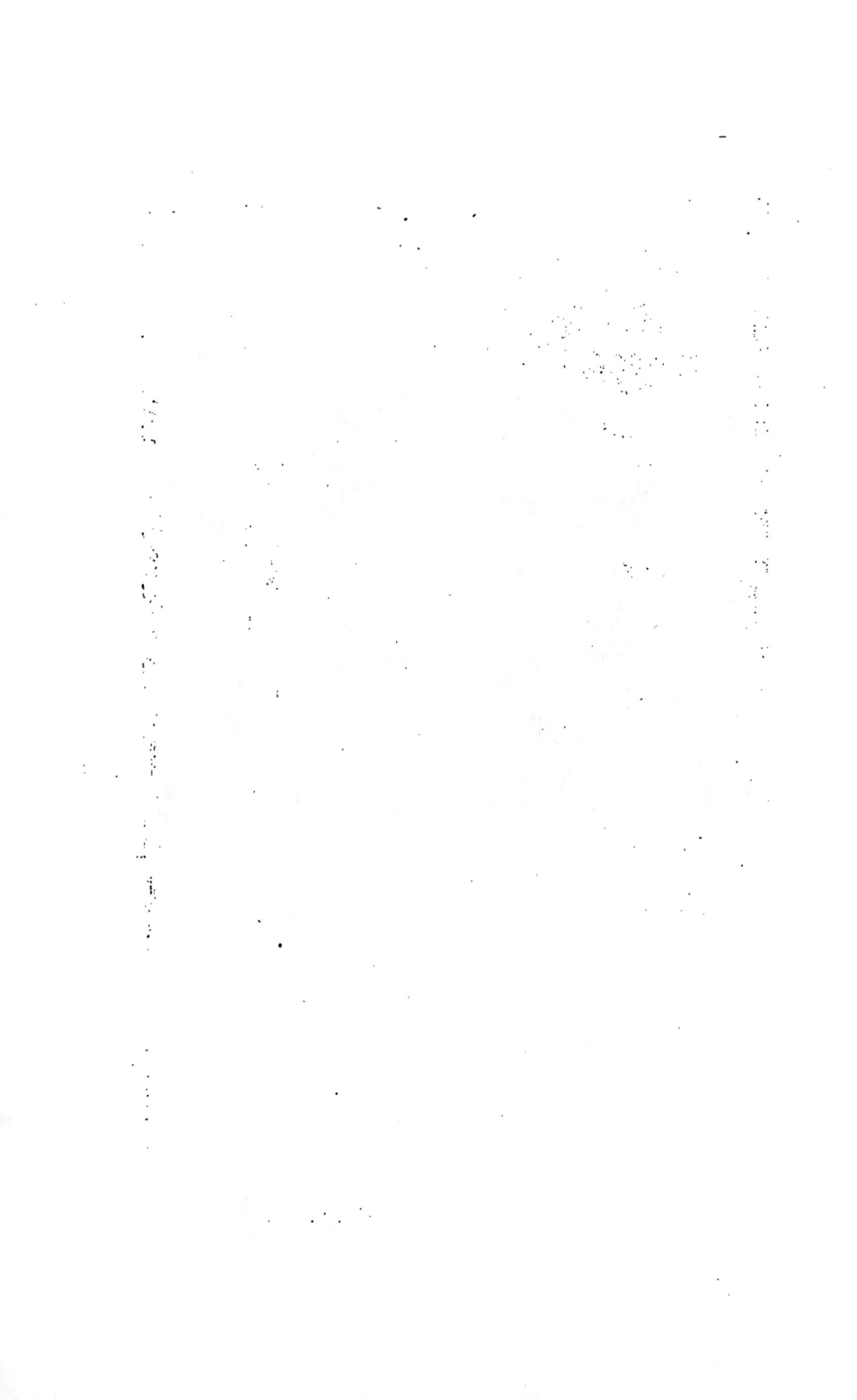

typographie. A propos des livres enchaînés, nous avons déjà mentionné la bibliothèque de Leyde, il nous faut aussi détailler son installation telle qu'elle est représentée par la gravure que nous reproduisons; et bien qu'il s'agisse d'une bibliothèque publique, son agence-

Fig. 109. — Bibliothèque de Leyde d'après une gravure de l'Illustrium, etc..., academia Leydensis (1610).
(Cabinet des estampes de la Bibliothèque nationale.)

ment pourrait parfaitement convenir à un amateur ou à un libraire, disposant de vastes pièces pour y loger les livres. La commodité de ce système saute aux yeux et la facilité de recherches est grande : les livres étaient disposés dans des meubles en épis, à deux parties, la partie inférieure se composait d'une tablette-pupitre sur laquelle on pouvait travailler debout, le haut comprenait le rayon sur lequel le livre était placé et n'excédait pas la hauteur qu'un homme peut atteindre; enfin, à la partie supérieure se trouvait un liteau en pente sur lequel se trouvait inscrite la section bibliographique à laquelle appartenait l'ouvrage. Sous François Ier, les livres s'entassaient sur les rayons ou dans des meubles bas*. Catherine de Médicis avait, attenante à sa chambre, une armoire à ventaux contenant

Fig. 110. — Types de bibliothèques formant corps avec la boiserie de la pièce. (xviiie siècle.)

ses livres de chevet. Dès les premières années du xvie siècle, les bibliothèques d'amateurs se distinguaient par leur élégante construction et le goût avec lequel l'emplacement des livres était compris. La bibliothèque, sous le règne de Charles IX, formait

* François Ier, qui avait fondé à Fontainebleau une petite bibliothèque, en y réunissant les livres de son aïeul Jean, comte d'Angoulême, et de son père, y fit transporter la grande collection rassemblée à Blois par les princes de la maison d'Orléans. On dressa alors le catalogue de tous ces livres qui se composaient de mille sept cent quatre-vingt-un manuscrits et de cent neuf imprimés.

un meuble haut avec fronton ; la Renaissance, comme en toute chose, y avait introduit son esprit, son essence, dirons-nous, et les lourds bahuts du siècle précédent s'étaient transformés en crédences à rayons multiples avec corps inférieur plus développé. Cependant certains amateurs, possédant de nombreux volumes, avaient réservé une salle dans laquelle ils avaient fait construire

Fig. 111. — Panneau (et plan) d'un cabinet de livres. (XVIIIᵉ siècle.)

des armoires adhérentes au mur tout autour de la pièce ; de riches sculptures, des ornements sur les panneaux en décoraient l'ensemble. Les bibliothèques subirent la fluctuation de la mode, la transformation des styles, mais le principe resta généralement le même.

Au XVIIIᵉ siècle, la bibliothèque formait pour ainsi dire corps avec la boiserie dont la pièce était ornée. Le goût, de nos jours, paraît être de styles différents, tout au moins dans les grands meubles à plein bois ; en conséquence, la bibliothèque construite avec tous les aménagements possibles devra être empreinte du style adopté pour le reste de l'ameublement.

La fantaisie peut aussi avoir libre carrière dans la fabrication de ce meuble ; toutefois, il ne faut pas oublier qu'un livre doit être placé dans une pièce ou dans une bibliothèque de manière à n'être jamais cherché, mais tout simplement pris. Nous ne pensons

Fig. 112. — Bibliothèque basse. (Époque du second empire).

pas que la bibliothèque de travail de M. Paul Lacroix présentait cette facilité.

« Les livres de M. Paul Lacroix, écrivait M. Octave Uzanne dans *Nos amis les Livres**, n'étaient pas somptueusement logés en son appartement de l'Arsenal. La place et les aménagements manquaient. Mais les livres sont bons princes, et, à défaut de palais spécial, ils se contentaient de se loger partout. Il y avait cependant

* Cf. *Nos amis les Livres*. Causeries sur la littérature curieuse et la librairie, par OCTAVE UZANNE. Paris, Maison Quantin, 1886, in-12.

Fig. 115. — La lecture des livres défendus.
Dessin de C. P. Marillier,
donnant l'ameublement d'une bibliothèque en 1777.

une pièce qui était la bibliothèque, ou le cabinet, plus
particulièrement. Le maître l'appelait plutôt la salle des
catalogues. Et, en effet, les rayons qui couvraient les
murs ne contenaient partout que des volumes unifor-
mément reliés et comprenant chacun un ou plusieurs
catalogues de vente. C'étaient là les instruments immé-

Fig. 111. — Le cabinet de travail du bibliophile Jacob.

diats du bibliophile. Tous ces volumes à dos blanc,
rangés par catégories et par époques, présentaient un
aspect étrange et invitant à la fois. Ils étaient en bel
ordre et toujours prêts à fournir au chercheur les renseignements précieux dont ils sont pleins. Cette méthode, très apparente dans le classement des catalogues, frappait d'autant plus que partout ailleurs, dans
cette pièce, régnait le désordre le plus candide. Il y
avait sans doute des tables, mais les livres qui s'em-

pilaient dessous et les livres qui s'amoncelaient dessus
les changeaient en îlots massifs, en sortes de vastes
piliers quadrangulaires à arêtes brisées, s'élevant çà et
là presque jusqu'au plafond.

« Il y avait bien une cheminée avec son âtre; mais
des paquets de livres remplissaient le foyer; des piles
de livres montaient le long des jambages; des papiers,
des brochures et des livres s'éparpillaient et s'entassaient sur la tablette, laissant à peine apercevoir un
admirable buste de M. Paul Lacroix, jeune et superbe,
par Jehan Duseigneur.

« Il y avait bien un grand bureau; mais il était ense-
veli sous les livres et les cartons, et ce n'est qu'après
une exploration minutieuse qu'on arrivait à découvrir
le fauteuil où M. Paul Lacroix s'asseyait pour écrire.
On aurait eu quelques doutes quant à la possibilité de
la chose, si on n'avait pas vu et touché, sur le bureau
même et en face du fauteuil, un cahier de papier à
moitié couvert d'une écriture extrêmement nette, mais si
fine et si serrée que l'auteur, en se relisant, s'y usait
les yeux. Il n'y a pas eu de typographe capable de composer sur une telle copie. Aussi M. Paul Lacroix était-il
obligé de faire transcrire ses manuscrits avant de les
envoyer à l'impression. C'était l'écriture de sa jeunesse,
dont il s'était défait, mais à laquelle il était invincible-
ment ramené. N'est-ce pas comme un touchant symbole de la perpétuelle jeunesse d'esprit dont sont péné-
trées toutes les œuvres de cet aimable et grand savant?

« Au milieu de ce fouillis, dans les rares clairières que
formait sur les murailles la forêt des volumes et des
casiers, brillaient quelques toiles de maîtres, un Greuze,

Fig. 115. — Cabinet de travail. (xviiie siècle.)

un Jordaens, un Ribera, d'autres encore, toutes exquises
et précieuses, et qui faisaient, dans ce cabinet où mon-
tait incessamment et sans bruit la marée des livres,
comme un reflet de soleil intime et réchauffant. On
voyait à terre, augmentant l'encombrement d'une
chambre dont un Xavier de Maistre aurait mis un an
à faire le tour, des tas de bouquins attachés par une
ficelle, ou des brochures en paquets. C'était le butin
journalier du bibliophile, ce qu'il avait acheté en se pro-
menant le long des quais ou en autres lieux occupés par
des bouquinistes, dont il était bien connu. Tout cela
s'accumulait, et, quand il avait le temps, il s'asseyait
n'importe où, coupait les ficelles, examinait ses recrues,
choisissait les volumes qui devaient d'abord passer
chez le relieur, et envoyait les autres s'aligner sur les
rayons, s'il y restait encore des places vides.

« Ainsi la salle des catalogues n'était, pour ainsi dire,
que l'antichambre des nouvelles acquisitions de M. Paul
Lacroix. C'était à un étage plus haut, dans sa chambre
à coucher, dans son cabinet de toilette, dans son ves-
tibule et dans une grande pièce coupée en largeur par
un casier à deux faces, qu'il emmagasinait définitive-
ment ses trésors. Partout double rangée, les in-4° et les
in-8° dans le fond, et les in-12 et les in-18 par devant.
Partout aussi, comme des vagues débordant d'un lit
trop étroit, des volumes hors cadre, s'élevant en mon-
ceaux, s'écroulant en avalanches et en cascades, s'éta-
lant en jonchée sur le parquet. »

En ce qui concerne les formes à déterminer pour
les meubles destinés à contenir des livres, nous
n'y insisterons pas ; tel bibliophile pourra se faire

construire un meuble somptueux, alors que tel autre
se contentera d'une armoire vitrée ou de simples
rayonnages. Il est cependant utile de connaître quel

Fig. 116 à 118. — Élévation, profil et panneau d'une bibliothèque (xviii⁰ s.)
avec pilastres d'ordre corinthien.

est le bois qui convient le mieux pour ce meuble : les
bois blancs, le sapin, le peuplier, l'érable, le poirier ou
le pommier, le chêne blanc, le frêne ne paraissent pas
devoir être utilisés, les insectes y élisant très facilement
domicile et certains de ces bois n'offrant pas toujours

une garantie de compacité suffisante. Sous l'influence des agents atmosphériques, ils éclatent ou se rétrécissent : tels le frêne, le hêtre, le peuplier, l'érable même dont les nodosités veinées plaisent beaucoup à l'œil ; et cependant, en raison de sa malléabilité, de

Fig. 119. — Bibliothèque moderne, genre Louis XVI.

l'absence de veines dures, on aime à se servir du poirier qui jouit en outre de l'avantage d'accepter la couleur noire mate et imite alors l'ébène, peu employé parce qu'il est trop lourd et trop cassant. L'amateur recherchera, de préférence, les bois résineux : pin maritime, pitchpin, cèdre, mélèze, cœur de chêne, chêne vert, noyer, palissandre ; et, si l'appartement, dans lequel il désire installer sa bibliothèque, est petit ou exigu, il devra tenir compte des conseils donnés par un amateur et un lettré, M. Jules Richard :

« Que le meuble (bibliothèque) soit assez profond pour qu'on y puisse installer deux rangées de grands

Fig. 120. — Exemple condamnable d'un meuble-bibliothèque, dans lequel le rayon du bas et celui du haut sont masqués.

in-octavo ou trois rangées d'in-douze. Certes il vaudrait mieux que les rayons fussent moins chargés en profondeur ; mais les appartements sont si petits, surtout à Paris, qu'un bibliophile doit se résigner à regagner en épaisseur ce qu'il perd en surface. Le meuble

Fig. 121. — Exemple condamnable d'un meuble-bibliothèque
dans lequel le rayon du bas est masqué. (Époque Romantique.)

ne doit pas dépasser la hauteur à laquelle votre bras atteint, vous mettrez au-dessus vos sculptures, vos tableaux, vos potiches ou vos objets d'art, toutes choses qui s'harmonisent à merveille. Nos ancêtres, qui joignaient la prudence à la connaissance des choses,

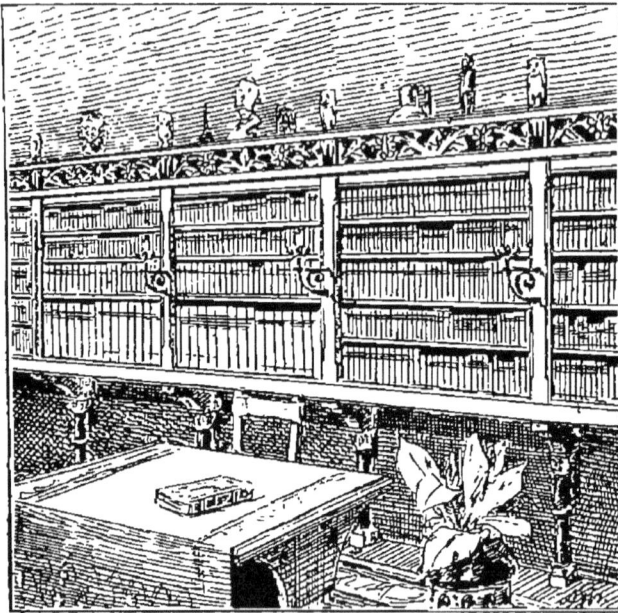

Fig. 122. — Rayons de bibliothèque. (Style moderne.)

mettaient souvent des portes à leurs armoires-bibliothèques, mais elles étaient grillagées. Aujourd'hui, les vrais amateurs ont des armoires ouvertes ; je ne les blâmerai pas si leurs armoires n'ont pas de coins creux et profonds où les livres se perdent, si leurs rayons sont confortablement doublés de drap et si dans le voisinage ils installent avec art quelques pièges à loup*. »

Il est presque impossible de songer à évaluer les

* JULES RICHARD. *L'Art de former une bibliothèque.* Paris, Ed. Rouveyre et G. Blond, 1882, in-8° écu.

I   17

dimensions que devra avoir une bibliothèque publique au siècle prochain. Pour s'en tenir à celles de nos jours, n'a-t-on pas vu la Bibliothèque nationale de Paris passer de 70 000 volumes qu'elle comptait à la mort de Louis XIV à 150 000 en 1791 et à près de 3 000 000 en 1898 ; et celle du British Museum, de 115 000 en 1837

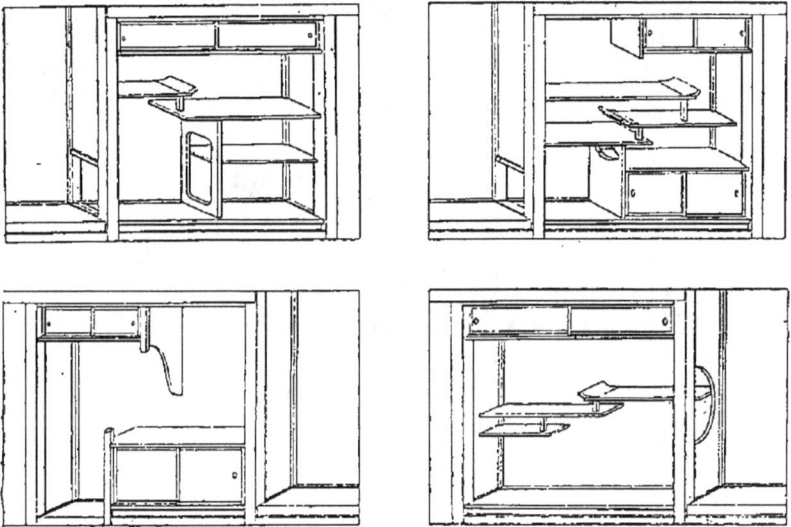

Fig. 123 à 126. — Petits casiers, formes japonaises, pour Bibliothèques de chevet.

à 2 800 000 soixante ans plus tard? Partout, il est déjà devenu presque impossible de faire relier tous les livres nouveaux qui s'ajoutent aux anciens ; il faut se contenter de modestes cartonnages. Longtemps les architectes chargés de construire les bibliothèques ne se sont pas occupés des dispositions intérieures, réservant tout leur talent pour la façade, sans se soucier autrement de la destination du monument. C'est seulement le jour où la nécessité s'imposa de reconstruire la ¡Bibliothèque

Fig. 127. — Bibliothèque en palissandre, exécutée par M. Fourdinois.

nationale que l'on commença à se douter qu'il y avait des règles pour la construction d'une bibliothèque comme pour celle d'une gare ou d'un marché*.

Pour loger les livres, on couvre des cours intérieures, on hausse les étages, on élargit les ailes. Que faire,

Fig. 128. — Bibliothèque nationale, rue Richelieu, à Paris. Vue perspective de la grande salle de travail des imprimés, par M. H. Labrousse, architecte, membre de l'Institut.

quand on sera au bout de ces expédients? Même dans les bibliothèques privées, la question du logement des livres devient de jour en jour plus épineuse. Ayant ainsi posé le problème dans le *Nineteenth Century*, M. Gladstone s'occupa de le résoudre après une visite qu'il fit à la Bibliothèque publique d'Édimbourg. Tout d'abord, il accepta l'expédient des files de

* *Grande Encyclopédie.* Installation des Bibliothèques, au mot BIBLIOTHÈQUE.

volumes rangés sur une même tablette les uns devant les autres, une bibliothèque devant placer ses richesses à la portée de la main, en bonne lumière et de telle sorte que les recherches soient toujours aisées. Mais il fallait bien compter aussi avec le format ; d'autant plus

Fig. 129. — Bibliothèque publique à Édimbourg.

que tout groupement où ce facteur serait négligé entraînerait d'énormes pertes de place.

Pour réaliser ces *desiderata*, M. Gladstone imagina de disposer sa bibliothèque en petits murs de livres à hauteur d'appui, perpendiculaires aux grands côtés de la salle et y marquant de véritables demi-cloisons. Chacun de ces petits murs à tablettes était accessible de .deux côtés et, par conséquent, donnait place à deux rangées de volumes présentant chacune le dos. Ces deux cloisons formaient, en avant des fenêtres, autant de réduits favorables à la solitude et au travail ; elles laissaient le haut des surfaces disponible pour les tableaux, gravures et objets d'art ; enfin, elles supprimaient l'emploi des échelles ou des marchepieds.

M. Gladstone s'est étendu avec beaucoup de verve sur

Fig. 150. — Bibliothèque du Vatican, au xviii' siècle *,
d'après un dessin de François Pannini, conservé au musée du Louvre

les avantages de cet arrangement ; il a démontré que, par son système, 18000 à 20000 volumes pouvaient trouver place dans une salle de 10 à 12 mètres de

---

* « ... Une bibliothèque (celle du Vatican) où il n'y a pas de livres ! Cela est fâcheux, mon doux objet ; mais remettez-vous, les piliers sont revêtus tout autour de petites armoires fermées, remplies de manuscrits. Voilà ce qui constitue cette bibliothèque, où il n'y a pas un seul livre imprimé... » (Lettres familières du président Charles de Brosses écrites d'Italie. — Lettre à M. de Neuilly).

long sur 6 de large, et cela sans lui ôter l'aspect d'un
salon ou lui donner celui d'un magasin de librairie.

Au xviiᵉ siècle, les bibliothèques d'amateurs et les
cabinets de travail présentaient souvent un aspect
rigide et sévère. Notre époque veut un meuble à caractère ; il ne faut pas craindre d'introduire dans la

Fig. 151 et 152. — Bibliothèque de dame ; face et profil.

création et la construction d'une bibliothèque les
modes du jour ; mais que ce meuble soit fait en
style Renaissance ou Louis XVI, en forme de bahut
gothique ou composé de tablettes surmontées de cintres
orientaux, étoffés de soie aux couleurs voyantes,
l'aspect doit en être correct. La bibliothèque de
dame peut être d'une forme toute de fantaisie. Il
serait difficile de donner des indications sur les dimensions exactes pour un meuble de bibliothèque ; cela
dépend beaucoup de la place dont on peut disposer
ainsi que des goûts personnels. Dans tous les cas,
il est utile de tenir compte des observations suivantes : 1° autant que possible les livres ne doivent

pas être placés plus haut que la main d'un homme debout puisse atteindre, c'est-à-dire entre 2 m. 10 et 2 m. 20 de hauteur : on évite ainsi l'embarras des échelles ou des escabeaux ; 2° ne se servir de tablettes fixes qu'à la dernière extrémité. Si la disposition de

Fig. 155. — Bibliothèque du château de Fontainebleau.

la pièce et la construction du meuble y oblige, il faut exiger que la tablette soit clouée par l'extérieur, et qu'aucune arête ne déborde dans l'intérieur. Il est toujours préférable d'adopter des tablettes mobiles, soit au moyen de crémaillères, soit, mieux encore, au moyen de chevilles. La crémaillère présente le même inconvénient que l'installation des rayons avec arête débordante, c'est-à-dire, le livre est en partie dissimulé et sa tête et son dos peuvent s'abîmer par un vif frottement.

Aucun des inconvénients que nous venons d'indiquer n'aurait lieu avec les chevilles : les volumes entrent et sortent très librement dans les angles, aucun éraflement n'a lieu. Le coût de cette installation est presque le double de celui des crémaillères. Pour la solidité

(Fig 154. — Bureau-bibliothèque. Style moderne *.)

et la stabilité de la tablette, on est tenu de mettre quatre chevilles à chacune d'elles : les deux montants pourraient subir un certain affaiblissement par le perçage des trous dans une direction unique. Nous ne croyons pas à cet affaiblissement lorsque le bois est sain, bien sec et bien dur. Enfin, ces trous percés à 2, 3 ou 4 centimètres de distance peuvent être garnis à l'intérieur d'une rondelle en métal qui protégera le

* Les figures 154, 182, 183 et 184 ont été gravées d'après les dessins de M. Adolphe Giraldon.

Fig. 135. — Cabinet de livres, en ébène incrusté de bois et d'émaux.

frottement; de plus, la partie métallique de l'extrémité de la cheville peut servir de pièce ornementale et devenir un motif à décoration.

M. Spire Blondel, l'érudit critique d'art, dans son intéressante étude sur la bibliothèque au point de vue de l'ameublement, n'a eu en vue que le côté architectural et ornemental. Parmi les modèles qu'il cite, il en est de très remarquables et des plus harmonieux comme pondération et aménagement; la fantaisie a aussi grande part dans la création de la plupart de ces meubles.

« Depuis quelques années, dit-il, les bibliothèques de style Henri II paraissent avoir la préférence. Nous mentionnerons particulièrement en ce genre une grande bibliothèque en noyer sculpté, style Renaissance, exposée en 1867. Ce beau meuble est à double corps: le corps supérieur un peu en retrait sur le corps inférieur. Ce dernier se compose de quatre portes séparées par des pilastres, sur deux desquelles sont, en médaillons, les portraits du Dante et de Virgile, et sur les deux autres des attributs relatifs aux sciences.

« Le corps supérieur est à quatre portes vitrées, séparées par des colonnes composites. Sur la colonne du milieu est une figure de l'Atlas en cariatide, symbole de l'Industrie supportant le globe terrestre. Au milieu et au-dessus des panneaux de droite et de gauche sont les masques de la Comédie et de la Tragédie. Au sommet des colonnes, quatre génies, retenant des rideaux qui retombent en dehors du champ des portes vitrées, semblent avoir pour but de mettre en évidence les trésors de la science enfermés dans ce meuble et d'appeler tout le monde à en profiter. Pour

compléter l'enseignement, la Science, assise, au-dessus
de la sphère, sur un lion couché, dominant le monde
et la force brutale, couronne d'un côté l'Histoire et.
de l'autre la Poésie.

« Cet ensemble offre une unité de conception d'au-

Fig. 136. — Bibliothèque exécutée à la Malmaison. (Premier Empire.)

tant plus louable qu'on ne la rencontre pas toujours,
même dans les œuvres qui ne relèvent que de l'art. »

Peignot a indiqué comment doit être construite
une bibliothèque présentant toutes les garanties de
sécurité pour le livre : « Un tel meuble sera en bois
précieux; sa forme joindra l'élégance à la solidité;
mais il ne faut pas qu'il soit surchargé d'ornements

Fig. 137 et 138. — Bureau-secrétaire et secrétaire servant de bibliothèque.
(Époque du Premier Empire.)

Fig. 139 et 140. — Bureau de bibliothèque. (Époque du Premier Empire.)

trop saillants. Les portes, garnies de quatre glaces,
seront travaillées si délicatement qu'elles ne masque-
ront pour ainsi dire pas la vue des livres; les deux
glaces de chaque porte seront séparées par une ba-
guette à coulisse en cuivre ou en acier. Les tablettes
devront être garnies de maroquin brun, et la tranche
apparente de ces tablettes ornée d'arabesques en or.
Cette garniture serait moins un objet de luxe qu'une

Fig. 141. — Bibliothèque de MM. Wright et Mansfield.
Bois de genévrier; colonnes et moulures en ébène.
Incrustations de Wedgwood.

précaution nécessaire pour garantir le bas de la reliure
des livres, qui à la longue s'altère, étant frottée sur le
bois toutes les fois qu'on déplace et qu'on replace un
volume. Il serait essentiel de faire couvrir en peau de
couleur l'intérieur de ce petit meuble, destiné à empê-
cher les livres de toucher le mur. Cette précaution
préserverait les livres de la poussière et de l'humidité. »
On fabrique aujourd'hui des bibliothèques tournantes,
pouvant renfermer deux à trois cents petits volumes,
qui sont certes d'une grande utilité pour le travailleur; et il n'y a guère qu'une vingtaine d'années que

le modèle à pivot vertical est en usage; il est connu de tout le monde. Grâce à ce meuble aussi ingénieux qu'utile, inventé par M. Terquem, l'homme de lettres

Fig. 142 à 146. — Bibliothèques tournantes à pivot vertical.

peut avoir à sa portée le choix d'ouvrages qu'il voudra consulter chaque jour; le bibliophile trouvera sous sa main les livres préférés; l'homme d'affaires, enfin, sans quitter son cabinet, réunira dans un espace restreint tous les documents journaliers de sa correspondance.

Les diverses dispositions dont est susceptible ce meuble présentent tous ces avantages. L'élégance de forme, la délicatesse des lignes dans ces sortes de meubles, s'allient aux services qu'ils rendent, services que le grand succès qu'ils obtiennent est venu confirmer. Nous devons aussi signaler les divers meubles-classeurs, meubles à fiches ordinaires ou à fiches articulées, créés

Fig. 147 à 154.—Appui-livres mobiles. Porte-dictionnaires.
Bibliothèque de table.

par M. G. Borgeaud; nous les reproduisons pages 152 et 153. Au xviiie siècle, quelques bibliophiles avaient déjà tenté de créer un bureau-bibliothèque où les livres venaient sous la main du travailleur. Telle est *la Roue d'étude*, qui se trouve à la Bibliothèque de l'Arsenal, et le « Pupitre d'une façon particulière et très commode pour les gens d'étude » inventé par M. Grollier de Servière, et dont le petit-fils a rendu compte en 1729, dans le « Recueil d'ouvrages curieux de mathématiques et de mécanique ». Par le moyen de cette machine, on peut, sans changer de place, et sans

Fig. 155. — Pupitre-bibliothèque inventé par Grollier de Servière.

bouger de son fauteuil, lire successivement plusieurs livres les uns après les autres, et, bien loin d'avoir la peine de les aller chercher, ou de se les faire apporter, on les faisait facilement venir à soi. Les deux grandes roues étaient solidement attachées l'une à l'autre par un axe qui les faisait tourner ensemble sur les pieds-droits. Entre ces deux grandes roues, et autour de leur circonférence, il y avait des tablettes ou pupitres qui y étaient retenus par des espèces d'axes coudés et mouvants dans les grandes roues, en sorte que, lorsque les roues tournaient, le poids des pupitres les tenait toujours dans la même situation, et les empêchait de basculer et de perdre leur équilibre. Avant que de travailler, on rangeait sur les pupitres tous les livres dont on jugeait avoir besoin. A la place de cette machine, on pouvait ranger les livres autour d'une grande table ronde dont le dessus tournait sur un pivot qui est au centre; on faisait ainsi venir facilement devant soi les livres dont on voulait se servir, en tournant la table avec la main.

Une bibliothèque, extensible et démontable, a été inventée par M. Jamati; les reproductions que nous en donnons suffiront pour pouvoir se rendre compte de leur disposition simple et avantageuse. Quatre tubes en cuivre dans lesquels pénètrent quatre tiges en fer filetées, permettant d'augmenter ou de diminuer la hauteur, servent d'axes aux quatre montants verticaux formés de petits blocs en bois, cuivre, fer, etc., en forme de cubes ou de cylindres, percés au centre. Les tablettes, trouées aux quatre coins, s'engagent dans les tiges et tubes et peuvent être augmentées ou diminuées selon les besoins. L'espacement des tablettes se change à volonté par le nombre de cubes ou cylindres placés

entre chacune d'elles. Les tiges filetées sont munies à
leur extrémité d'écrous servant à serrer les parties en
bois. Le montage et le démontage sont d'une simplicité
enfantine et peuvent se faire sans la moindre fatigue.
En cas de déménagement ou de villégiature, tous les
ennuis du transport sont supprimés. Les figures ci-des-
sous représentent toutes les parties d'une Bibliothèque

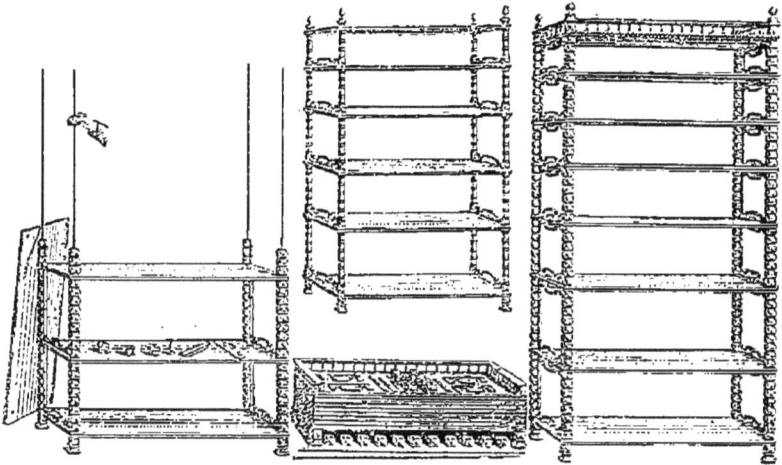

Fig. 156 à 159. — Bibliothèque extensible et démontable.

à cubes, groupées et prêtes à être mises dans une
caisse; enfin, si une détérioration était produite par le
choc d'un autre meuble ou par un accident quelconque,
la réparation en serait très facile et la dépense minime :
il suffirait de changer la partie brisée.

La boîte à catalogues, dont nous reproduisons l'ingénieux mécanisme (fig. 160 à 163), n'est pas uniquement
destinée aux bibliothèques, elle peut se prêter à mettre
un ordre systématique dans toutes les collections, et,
bien que le catalogue lui-même s'applique plus spécia-

lement aux livres et aux manuscrits, la disposition
nouvelle dans laquelle il se présente peut rendre des
services incontestables à toutes les branches des
sciences, même aux nécessités de classement qui se
font sentir dans l'industrie. Nous savons que son
inventeur l'avait communiqué à un grand nombre de
personnes, et que plusieurs bibliothèques de l'Amérique

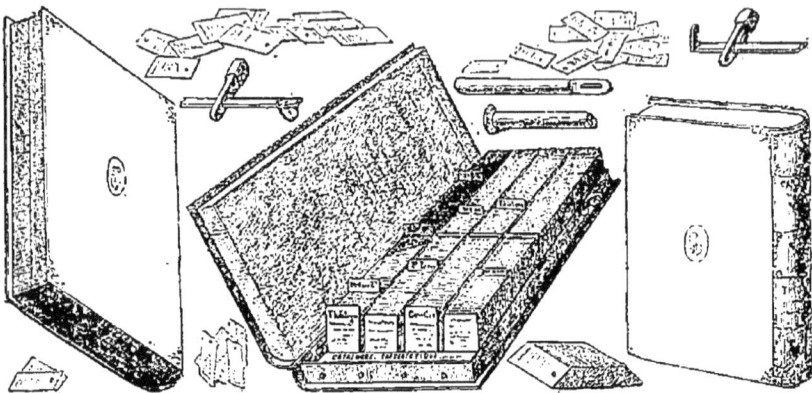

Fig. 160 à 165. — Premier système de la boîte-catalogue en usage
à la Bibliothèque Sainte-Geneviève, à Paris.

du Nord, nouvellement fondées, en ont fait un commode auxiliaire de leurs autres répertoires. Comme
toutes les inventions, quelque simples qu'elles soient,
celle-ci a son histoire.

Tout catalogue de bibliothèque, personne ne l'ignore,
est dressé au moyen de cartes séparées, sur lesquelles
on inscrit les titres des ouvrages composant une collection, titres que l'on dispose d'ordinaire dans l'ordre
alphabétique gardé entre eux par les noms d'auteurs,
et qui sont copiés ensuite sur plusieurs registres,

spécialement consacrés à former un répertoire usuel. La copie une fois terminée, ces innombrables cartes sont reléguées dans des casiers abandonnés à la poussière et fort rarement consultés. Mille incidents amenés par les mutations qui s'opèrent dans le sein même de la bibliothèque, une foule de petits accidents inattendus qui se multiplient durant le transport partiel du matériel, amènent au bout de plusieurs années un déplorable

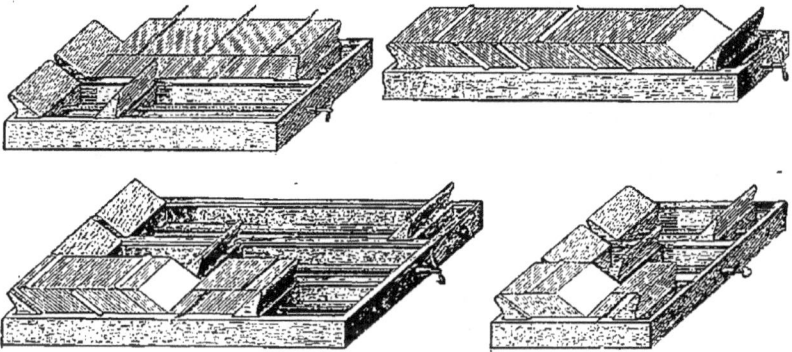

Fig. 164 à 167. — Catalogues et répertoires à fiches articulées, fixes ou mobiles à volonté.

désordre dans ce genre de catalogue. On peut aisément se figurer ce que ce peut être après que l'action de plusieurs siècles a multiplié ces causes de confusion.

C'était précisément l'embarras où se trouvait la bibliothèque de l'ancienne abbaye de Sainte-Geneviève, lorsqu'on la transporta dans le local qu'elle occupe aujourd'hui. Elle possédait pour son service si actif un jeu de catalogue excellent, classé par noms d'auteurs; Daunou l'avait enrichie de plusieurs catalogues partiels offrant un ordre de matières; ses cartes, au nombre de soixante mille, se trouvaient dans un état de pêle-mêle qu'explique la date de sa fondation, et l'on pouvait hésiter à rétablir dans un ordre nouveau ce que plus de deux siècles avaient déclassé. M. Pinçon, l'un des

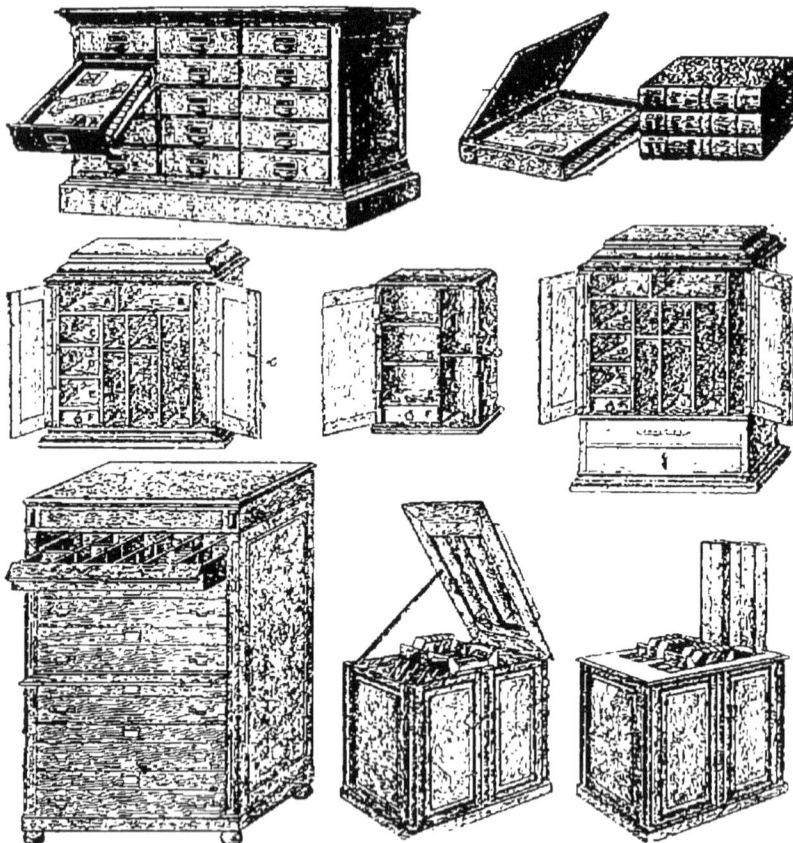

Fig. 168 à 176. — Meuble-classeur à tiroirs. — Carton-classeur. Casier et nécessaire pour cartes ou autographes. — Meuble à fiches ordinaires, à tiroirs superposés. — Meubles à fiches articulées.

bibliothécaires les plus zélés de cet établissement, ne recula pas devant cette tâche, et, secondé par l'administration, il eut l'heureuse idée de se servir des éléments que présentait cet amas confus de cartes pour en former un catalogue méthodique; il entreprit, en un mot, de compléter de cette façon, et sans nouveaux frais de copie, les divers répertoires de l'utile établissement où il rendait de si bons services.

Pour cela, il fallait placer les cartes anciennes dans des conditions telles, que, une fois rangées suivant l'ordre qu'elles doivent conserver, elles fussent mises hors de l'atteinte des mille causes de dérangement signalées plus haut; il s'agissait de les fixer et de faire en sorte que cette fixité n'empêchât pas de les feuille-ter, si l'on peut se servir de cette expression; il fallait, en un mot, les mettre en de telles conditions que l'œil pût embrasser spontanément les divisions des classifi-cations adoptées, et, de plus, qu'étant logées convenablement pour leur conservation, elles pussent être d'un transport immédiat et facile, d'un maniement de tous les instants. Ces divers problèmes furent résolus, et cela grâce à un procédé fort simple sans doute, mais dont nul n'avait eu l'idée avant l'ingénieux bibliothécaire. M. Pinçon fit percer les cartes à l'emporte-pièce, vers le bas, d'un trou circulaire et fort régulier; puis des tiges de fer traversant ces files de cartes permirent au doigt de faire jouer chaque bulletin sans aucun dérangement possible, les tringles cadenassées qui les maintiennent dans une caisse à compartiments obviant à tous les inconvénients que l'on peut craindre d'un transport précipité ou de chocs inattendus. Il est presque inutile

Fig. 177. — Casiers pour dictionnaires.

de dire ici que ce système de catalogue se prête, avec
une facilité merveilleuse, à d'incessantes intercala-
tions; pour indiquer les divisions méthodiques, on
emploie des cartes de diverses couleurs, dépassant
légèrement les autres et présentant leurs titres sans
confusion. Chaque boîte, à laquelle on a donné la
forme d'un volume in-folio, peut contenir environ

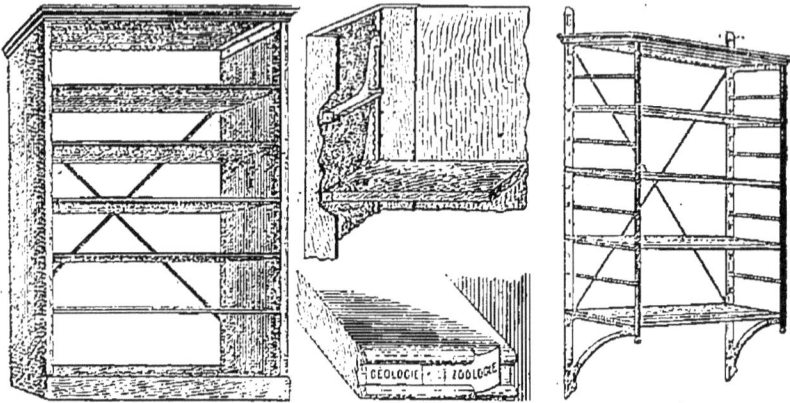

Fig. 178 à 181. — Bibliothèque démontable. — Rayon mobile.
Coupe d'une tablette à rainures permettant de glisser sur-le-champ
une étiquette mobile. — Bibliothèque à échelles en fer
et à tablettes mobiles.

quatre mille cartes et suffire au service d'une bibliothèque d'amateurs.

L'arrangement des livres sur les tablettes de la bibliothèque exige un certain tact, un goût éclairé et une
pratique sérieuse des livres. Cette opération paraît des
plus simples, à première vue : charger les rayons ne
demande aucune préparation, il n'y a qu'à poser les
livres dans une hauteur déterminée ou en les cou-
chant même s'ils ne peuvent se placer sur les rayons.
Les livres sont-ils reliés? possède-t-on des ouvrages
anciens recouverts en vélin ou en parchemin? Il faut

les disposer dans un ordre alterné avec les modernes,
qui, par leurs couleurs plus foncées ou plus éclatantes,
contribueront à en rehausser la valeur, et ne jamais les
mettre au hasard, de bric et de broc, sans ordre.

Le placement que nous allons indiquer, outre la
garantie d'ordre et de suite, présente une réelle symé-
trie, qui n'a rien de désagréable et dans laquelle l'œil

Fig. 182. — Bureau-bibliothèque. (Style moderne.)

est délicatement frappé par la variété des couleurs.
Dans le bas de la bibliothèque, sur le rayon inférieur,
il faut placer les in-folio comme étant plus lourds et
plus difficiles à prendre; en commençant par la
gauche, les dictionnaires viendront les premiers, puis
les biographies, l'histoire, l'archéologie, la littérature
et les sciences diverses. Admettant que tous ces livres
ne trouvent pas place sur un seul rayon, on les divisera
en deux parties à peu près égales, de manière que la

deuxième tablette supporte dans le même ordre les mêmes séries bibliographiques que la première. Il est bien entendu qu'en adoptant cette mise en place, on devra réserver une certaine place pour les entrées futures; aussi engageons-nous l'amateur à se pourvoir d'appui-livres (voir fig. 147) qui donneront l'équilibre et la stabilité à ses volumes.

Les tablettes suivantes, 5e et 4e, pourront recevoir les in-4°; au-dessus viendront les in-8°; quant aux in-12, in-16, in-52, ils seront placés sur les tablettes supérieures, mais toujours en maintenant l'ordre bibliographique adopté dès le début. L'ordre qui est cité paraît assez rationnel, il n'est cependant pas immuable : en raison des goûts et des tendances de chaque amateur, on pourra le modifier, le renverser ou l'interposer simplement. Les formats oblongs doivent se ranger avec le format inférieur à ce qu'ils sont réellement; ainsi un in-folio oblong ira avec les in-4°; l'in-4° oblong avec les in-8°, l'in-8° oblong avec les in-12, et ainsi de suite. Dans le cas où un ouvrage serait interfolié de papier d'un format supérieur, la place sur la tablette sera au format supérieur et non à l'ouvrage lui-même.

En engageant l'amateur à ne pas trop serrer ses livres sur les tablettes, il y a non seulement la raison d'accroissement dont il faut prendre bonne note, mais encore celle de la circulation de l'air à travers les livres : comme à toute chose, l'air leur est indispensable. Les livres placés dans des armoires à panneaux pleins ou à vitres, dans des vitrines bien closes, ou bien encore dans des meubles anciens, armoires ou bahuts, transformés en bibliothèques (les panneaux de bois ayant été remplacés par des glaces) qui ne sont jamais ouvertes, s'étiolent, se défraîchissent et s'abîment insensiblement. La recommandation de ne pas serrer

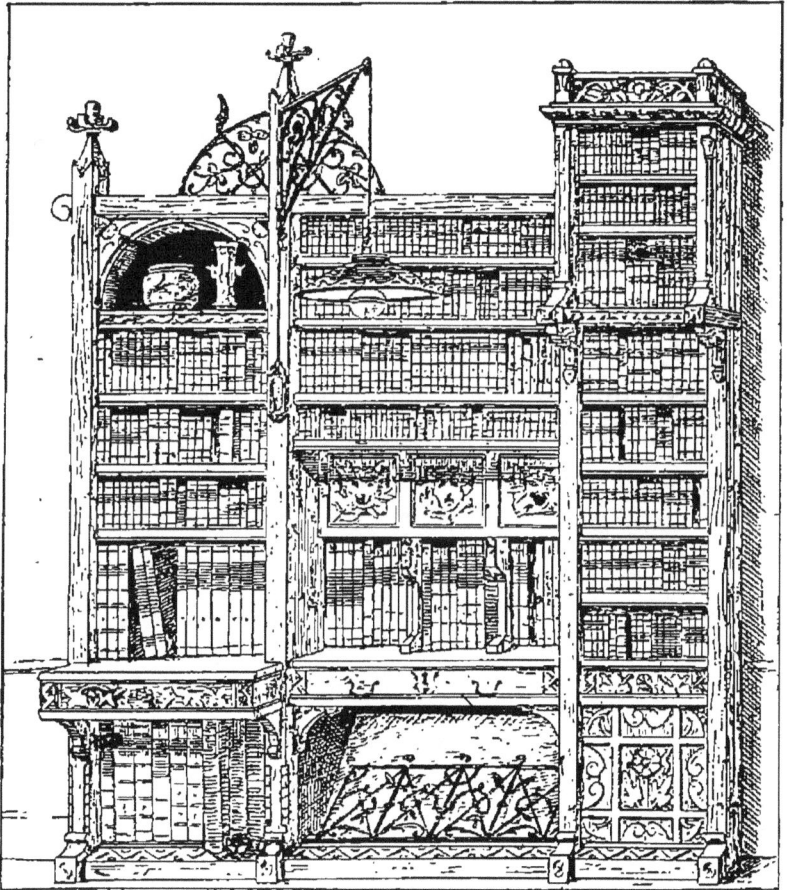

Fig. 185.— Bibliothèque. (Style composite moderne.)

les volumes est donc utile, indépendamment de la facilité qui en résulte pour les retirer du rayon. « L'aspect d'une bibliothèque, a écrit Tenant de Latour dans ses *Mémoires d'un Bibliophile*, saisit plus agréablement la vue par le mélange de vieux livres et de livres nouveaux que ne le ferait une réunion de livres entièrement neufs. Les vélins blancs font bon effet à côté des maroquins et des cuirs de Russie les mieux traités.

« Une reliure de Derome ou de Padeloup, et de plus anciens qu'eux, forme en même temps un agréable accord et un heureux contraste avec des reliures plus modernes. Enfin, l'élément extérieur d'une bibliothèque d'amateur, quelque austère qu'elle puisse être en elle-même, doit réunir les différentes conditions exigées dans tout ce qui est plus ou moins destiné à frapper les yeux; et, sans contredit, la première de toutes est une heureuse variété. »

Le livre de Naudé, *Advis pour dresser une Bibliothèque**, mérite d'être consulté par les fervents du livre; nous citerons les quelques passages où l'auteur donne des conseils pour la formation d'une bibliothèque en tant que local et mobilier :

« Pour ce qui est donc de la situation de la place où l'on doit bastir ou choisir un lieu propre pour une Bibliothèque, il semble que ce commun dire,

Carmina secessum scribentis et otia quærunt

nous doive obliger à le prendre dans une partie de la maison plus reculée du bruit et du tracas, non seulement de ceux de dehors, mais aussi de la famille et des domestiques, en l'éloignant des rues, de la cuisine,

---

* Cf. *Advis pour dresser vne bibliothèque*, présenté à Monseigneur le Président de Mesme par Gabriel Naudé. — A Paris, chez Targa au premier pillier de la grand'salle du Palais. 1627. In-12. — Le même ouvrage.... Réimprimé sur la *deuxième édition* (Paris 1644). — Paris, Isid. Liseux, 1876. In-12. Cette réimpression, tirée à 550 ex., est due aux soins d'Alcide Bonneau.

et lieux semblables, pour la mettre s'il est possible entre quelque grande cour et un beau jardin où elle ait son jour libre, ses veues bien estendues et agréables, son air pur, sans infection de marets, cloaques, fumiers, et toute la disposition de son bastiment si bien conduite et ordonnée, qu'elle ne participe à aucune disgrâce ou incommodité manifeste. Or, pour en venir à bout avec plus de plaisir et moins de peine, il sera toujours à propos de la placer dans des estages du milieu, afin que la fraischeur de la terre n'engendre point le remugle, qui est une certaine pourriture qui s'attache insensiblement aux livres; et que les greniers et chambres d'en haut servent pour l'empescher d'estre aussi susceptible des intempéries de l'air, comme sont celles qui pour avoir leurs couvertures basses ressentent facilement l'incommodité des pluyes, neiges et grandes chaleurs. Ce que s'il n'est pas autrement facile d'observer, au moins faut-il prendre garde qu'elles soient élevées de la hauteur de quatre ou cinq degrez, comme j'ay remarqué que l'estoit l'Ambroisienne à Milan, et le plus haut exhaussées que l'on pourra, tant à raison de la beauté que pour obvier aux incommodités susdites : sinon le lieu se trouvant humide et mal situé, il faudra avoir recours ou à la natte, ou aux tapisseries pour garnir les murailles, et au poisle ou bien à la cheminée, dans laquelle on ne bruslera que du bois qui fume peu pour l'eschauffer et desseicher pendant l'Hyver et les jours des autres saisons qui seront plus humides.

« Mais il semble que toutes ces difficultez et circon stances ne soient rien au prix de celles qu'il faut observer pour donner jour et placer bien à propos une

Bibliothèque, tant à cause de l'importance qu'il y a qu'elle soit bien esclairée jusques à ses coins plus

Fig. 184. — Bibliothèque. Style fantaisiste moderne.

éloignez, qu'aussi pour la diverse nature des vents qui doivent y souffler d'ordinaire, et qui produisent des effects aussi différents que le sont leurs qualitez et les

lieux par où ils passent. Sur quoy je dis que deux
choses sont à observer : — la première, que les croisées
et fenestres de la Bibliothèque (quand elle sera placée
des deux costez) ne se regardent diamétralement, sinon
celles qui donneront jour à quelque table ; d'autant
que par ce moyen les jours ne s'esvanoüyssant au
dehors, le lieu en demeure beaucoup mieux esclairé.
— La seconde, que les principales ouvertures soient
tousjours vers l'Orient, tant à cause du jour que la
Bibliothèque en pourra recevoir de bon matin, qu'à
l'occasion des vents qui soufflent de ce costé, lesquels
estans chauds et secs de leur nature rendent l'air
grandement tempéré, fortifient les sens, subtilisent les
humeurs, espurent les esprits, conservent nostre bonne
disposition, corrigent la mauvaise, et pour dire en un
mot sont très sains et salubres : ou au contraire ceux
qui soufflent du costé de l'Occident sont plus fascheux
et nuisibles, et les Méridionaux plus dangereux que
tous les autres, parce qu'estans chauds et humides ils
disposent toutes choses à pourriture, grossissent l'air,
nourrissent les vers, engendrent la vermine, fomentent
et entretiennent les maladies, et nous disposent à en
recevoir de nouvelles ; aussi sont-ils appelez par Hippo-
crate, *Austri auditum hebetantes, caliginosi, caput gra-*
vantes, pigri, dissolventes, parce qu'ils remplissent la
teste de certaines vapeurs et humiditez qui espaississent
les esprits, relaschent les nerfs, bouschent les conduits,
offusquent les sens, et nous rendent paresseux et presque inhabiles à toutes sortes d'actions. C'est pourquoy
au défaut des premiers il faudra avoir recours à ceux
qui soufflent du Septentrion, et qui par le moyen de

leurs qualitez froide et seiche n'engendrent aucune humidité, et conservent assez bien les livres et papiers.

. . . .

« Pour l'ornement et la décoration que l'on y doit apporter, je passerois volontiers ce dernier poinct si je n'estois adverti par ce dire très-véritable de Typotius, *Ignota populo est et mortua pene ipsa virtus sine lenocinio**, de dire quelques mots en passant de la monstre extérieure et de l'ornement que l'on doit apporter à une Bibliothèque, puisque ce fard et cette décoration semblent nécessaires, veu que suivant le dire du mesme Autheur, *Omnis apparatus bellicus, omnes machinæ forenses, omnis denique suppellex domestica, ad ostentationem comparata sunt.* Et dire vray, ce qui me fait plus facilement excuser la passion de ceux qui recherchent aujourd'huy cette pompe avec beaucoup de frais et despences inutiles, c'est que les anciens y ont encore esté moins retenus que nous : car si nous voulons en premier lieu considérer quelle estoit la structure et le bastiment de leurs Bibliothèques, Isidore nous apprendra** qu'elles estoient toutes quarrelées de marbre verd, et couvertes d'or par les lambris, Boèce que les murailles estoient revestues de verre et d'yvoire, Sénèque que les armoires et pulpitres estoient d'ébène et de cèdre. Si nous recherchons quelles pièces rares et exquises ils y mettoient, les deux Plines, Suétone, Martial et Vopiscus tesmoignent par toutes leurs œuvres qu'ils n'espargnoient ny or ny argent pour y mettre les images et statues représentées au vif de tous les galands

* Lib. *De Fama*..
** Apud Lipsum, *Syntag. de Biblioth.*, § 9 et 10.

hommes; et finalement, s'il est question de sçavoir quel
estoit l'ornement de leurs volumes, Sénèque ne fait
autre chose que reprendre le luxe et la trop grande
despense qu'ils faisoient à les peindre, dorer, enlu-
miner, et faire couvrir et relier avec toute sorte de
bombance, mignardise et superfluité. Mais pour tirer
quelque instruction de ces désordres, il nous faut eslire

Fig. 185. — Intérieur d'une bibliothèque, selon Gabriel Naudé.
Advis pour dresser une bibliothèque.

et trier de ces extrémitez ce qui est tellement requis à
une Bibliothèque, qu'on ne puisse en aucune façon le
négliger sans avarice, ou l'excéder sans prodigalité.

« Je dis, premièrement, qu'il n'est point besoin pour
ce qui est des livres de faire une despence extraordinaire à leur relieure, estant plus à propos de réserver
l'argent qu'on y despenseroit pour les avoir tous du
volume plus grand et de la meilleure édition qui se

pourra trouver; si ce n'est qu'on vueille, pour contenter
de quelque apparence les yeux des spectateurs, faire
couvrir tous les dos de ceux qui seront reliez tant en
bazane qu'en veau ou marroquin, de filets d'or et de
quelques fleurons, avec le nom des Autheurs : pourquoy faire on aura recours au Doreur qui aura cous-

Fig. 186. — Estampe du xvii° siècle.
La Science et l'Art, aidés par le Temps, composant une bibliothèque.

tume de travailler pour la Bibliothèque, comme aussi
au Relieur pour refaire les dos et couvertures escor-
chées, reprendre les tranchefils, accommoder les trans-
positions, recoler les cartes et figures, nettoyer les
feuilles gastées, et bref entretenir tout en l'estat nécessaire à l'ornement du lieu et à la conservation des
volumes.

« Il n'est point aussi question de rechercher et

entasser dans une Bibliothèque toutes ces pièces et
fragments des vieilles statues,

Et Curios jam dimidios, humeroque minorem
Corvinum, et Galbam auriculis nasoque carentem,

nous estant assez d'avoir des copies bien faictes et
tirées de ceux qui ont esté les plus célèbres en la profession des Lettres, pour juger en un mesme temps de
l'esprit des Autheurs par leurs livres, et de leur corps,
figure et physiognomie par ces tableaux et images,
lesquelles jointes aux discours que plusieurs ont fait
de leur vie, servent à mon advis d'un puissant esguil-
lon pour exciter une âme généreuse et bien-née à
suivre leurs pistes, et à demeurer ferme et stable dans
les airs et sentiers battus de quelque belle entreprise
et résolution. Encore moins faut-il employer l'or à ses
lambris, l'yvoire et le verre à ses parois, le cèdre à
ses tablettes, et le marbre à ses fonds et planchers,
puisque telle façon de paroistre n'est plus en usage,
que les livres ne se mettent plus sur des pulpitres à
la mode ancienne, mais sur des tablettes qui cachent
toutes les murailles, et qu'au lieu de telle dorure et pa-
remens l'on peut faire vicarier les instruments de Mathématiques, Globes, Mappemonde, Sphères, Peintures,
animaux, pierres, et autres curiositez tant de l'Art que
de la Nature, qui s'amassent pour l'ordinaire de temps
en temps et quasi sans rien mettre et desbourser. Finalement ce seroit une grande oubliance, si après avoir
fourny une Bibliothèque de toutes ces choses, elle
n'avoit point ses tablettes garnies de quelque petite
serge, bougran ou canevas accommodé à l'ordinaire
avec des clous dorez ou argentez, tant pour conserver

les livres de la poudre, que pour donner une grâce
spéciale à tout le lieu; et aussi si elle venoit à manquer et estre despourveuë de tables, tapis, siéges, épous-
settes, boules jaspées, conserves, horloges, plumes,
papier, encre, canif, pouldre, almanach, et autres
petits meubles et instruments semblables, qui sont de
si petite valleur et tellement nécessaires, qu'il n'y a
point d'excuse capable de mettre à couvert ceux qui
négligent d'en faire provision. »

De nos jours, le livre dit d'amateur tient si peu de
place, que quelques mètres de surface suffisent am-
plement à loger plusieurs centaines de volumes. La
bibliothèque du bibliophile s'est transformée en salon,
en cabinet, en armoire. Il faut à peine quelques meubles là où il fallait jadis une galerie ou plusieurs
salles consacrées au logement des livres. A côté des
Elzevier, des Estienne, aux ravissants formats in-8°,
peuvent se placer toutes les belles œuvres des xviiᵉ
et xviiiᵉ siècles, si richement illustrées par les Eisen,
les Cochin, les Moreau, les Marillier. Pour les livres
modernes, le choix est aussi varié qu'agréable. Le
livre du milieu du siècle, tant dédaigné il y a quelques
années, est redevenu à la mode et est activement
recherché. Comme en toute chose, le livre suit un
cycle déterminé, les choix diffèrent.

« Le livre, a dit M. Henri Bouchot*, subira comme
le costume, la mode, l'architecture ou les meubles,
cette passade un peu délicate, où le dégoût vient de ce
qu'on a trouvé joli. Puis, après trente ans, quarante au

---

* Cf. H. Bouchot, *Des livres modernes qu'il convient d'acquérir*.
Paris, Édouard Rouveyre, 1891, in-18.

plus, le retour se fera naturellement. A la Restauration, l'*Histoire du Costume français* de Moreau le Jeune se débitait en cornets dans les épiceries; sous le troisième Empire, on se tordait de rire en feuilletant les recueils merveilleux de Devéria; de nos jours, on admet à peine les ouvrages d'avant 70. La loi est curieuse, mais indiscutable. Lorsque, le cycle écoulé, la période d'incuba-

Fig. 187. — Intérieur d'une bibliothèque, genre mauresque.

tion fournie, on revient aux œuvres d'époque, la folie s'en mêle un peu. Les portraits coiffés à la girafe, que nous retournions contre le mur, nous les reprenons avec fureur. Le moindre bouquin indignement maltraité jadis, livré aux enfants, reçoit un habillement somptueux.... Il y a pour l'instant tel album de macédoines, signé Gavarni, dont nos pères s'amusaient dans leur enfance, qui se couvre d'or et que les amateurs du livre contemplent avec extase. Et *le Diable à Paris*! ce merveilleux diable qu'on pourrait affubler lui aussi d'une corne d'abondance, comme le *Bon Diable* du magasin d'habillement, tant il représente d'espèces sonnantes à qui le possède en bon état, surtout s'il a gardé sa couverture. »

Pour les livres de travail, quel genre de bibliothèque adopter ? M. Guyot-Daubès*, dans *le Livre*

Fig. 188. — Intérieur d'un cabinet de travail, avec Bibliothèque.

à travers les âges, va nous renseigner à ce sujet :
« Les bibliothèques vitrées, écrit-il, préservent sans

*M. Guyot-Daubès est l'auteur d'un livre pratique, renfermant un grand nombre de faits inédits et d'anecdotes littéraires, intitulé *l'Art de classer les notes, comment on organise son bureau et sa bibliothèque*. D'après l'auteur, il existe un art de classer les notes, et cet art est important, car sa pratique permet à chacun de conserver le profit qu'il a pu retirer de ses lectures, de ses études, de ses travaux. Tous les grands écrivains, tous les grands savants, dit-il, ont été collectionneurs de notes.
Il examine les divers systèmes employés par quelques-uns de ces hommes d'étude et les discute avec compétence. Il montre que l'homme du monde a également un grand intérêt à avoir ses lettres, ses papiers de famille, de travail et d'affaires sous un classement permettant de les retrouver avec facilité.

doute les livres de la poussière, mais d'un autre côté
elles ont le grand inconvénient de tenir beaucoup de
place. On s'imagine difficilement trois ou quatre mille
volumes rangés dans des bibliothèques vitrées. Il faudrait plusieurs grandes pièces pour les contenir. Au
point de vue du travailleur intellectuel, ce serait certai-

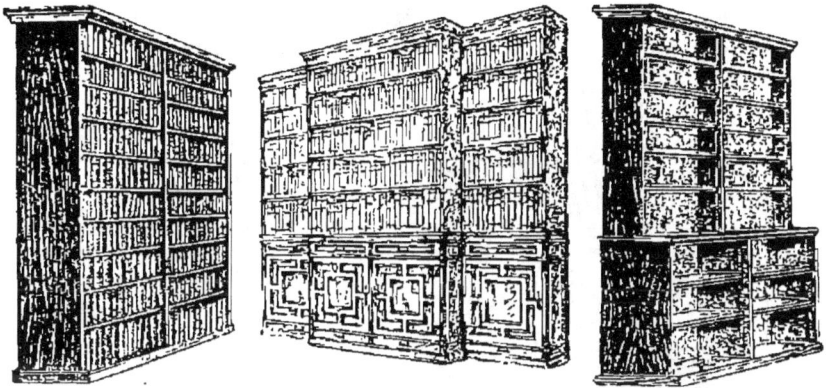

Fig. 189 à 191. — Divers modèles de bibliothèques.

nement un luxe encombrant et inutile. La bibliothèque
très simple, en bois noirci, celle qu'emploient les
bouquinistes dans leurs magasins, est ce qui convient
le mieux pour le rangement des livres de travail. En
effet, si nous avons une chambre spéciale pour renfermer ces livres, sa disposition pourra se rapprocher
de celle de la réserve des bouquinistes ; c'est-à-dire
qu'il faudra que nos bibliothèques soient peu encom-
brantes, renferment le plus possible de volumes et
que ces volumes soient disposés de telle sorte qu'on
puisse les retrouver avec facilité.

« Nos bibliothèques pourront donc être de simples

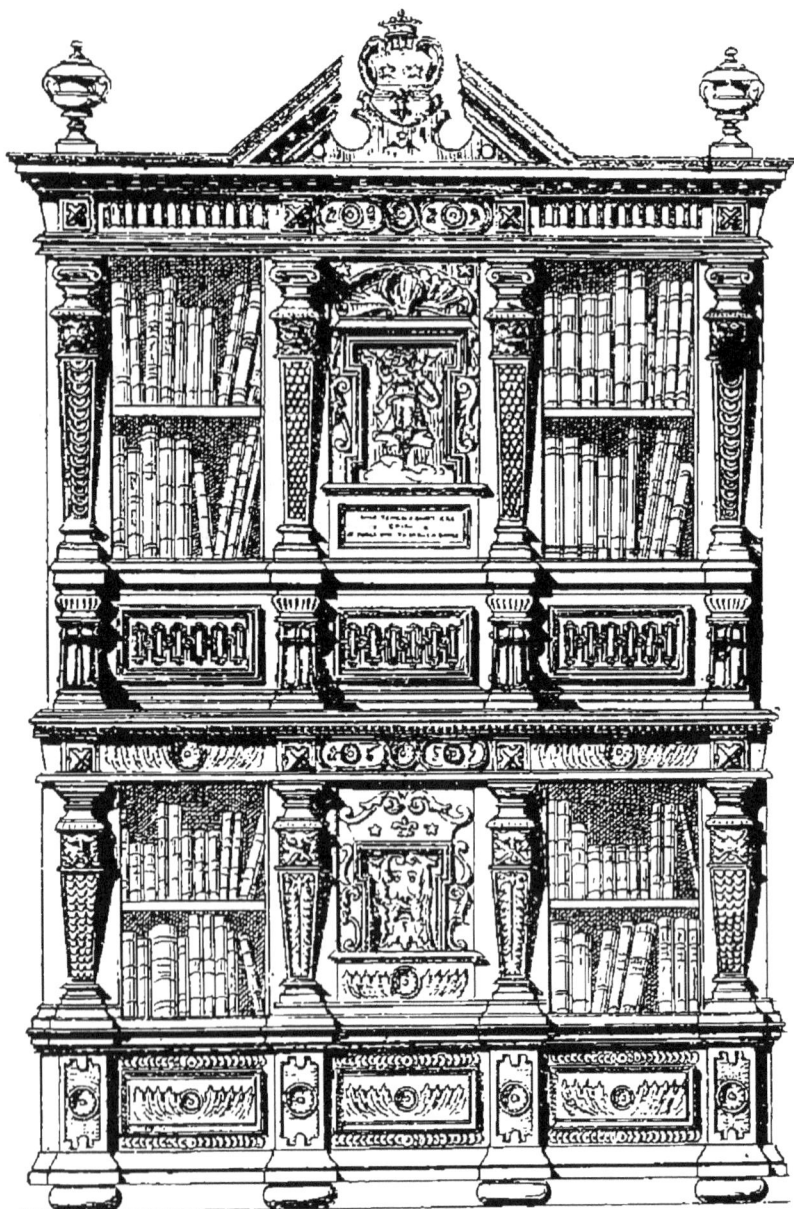

Fig. 192. — Bahut Renaissance transformé en bibliothèque.

casiers d'une épaisseur peu considérable, 22 à 23 centimètres, dans lesquels on ne mettra les volumes que sur
un seul rang, afin de voir facilement les titres.

« Quel espacement donnerons-nous aux rayons?

« Autant que possible il faut placer sur les mêmes
rayons les volumes de même hauteur.

« Nous aurons un rayon in-32 dans lequel nous

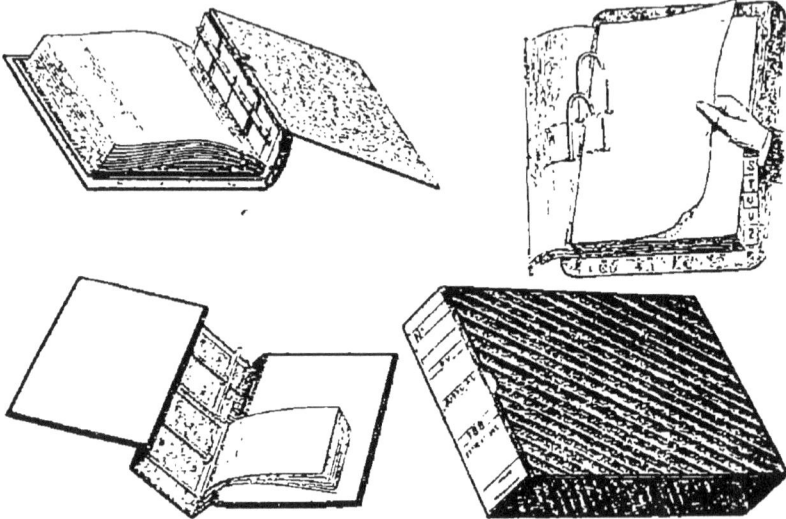

Fig. 193 à 196. — Classeur-coureur à aiguilles et classeur Shannon.

pourrons mettre tous les petits formats analogues
jusqu'aux in-18 raisin ; puis un ou deux rayons in-18
jésus (format de la bibliothèque Charpentier et de la
plupart des romans modernes), enfin des rayons pour
les in-8 raisin et d'autres pour les in-4. On aura soin
de mettre les rayons de petits formats à mi-hauteur de
la bibliothèque et de placer au-dessus et au-dessous
les formats de plus en plus grands. Cette disposition
aura pour avantage de rendre plus facile la lecture des
titres des volumes. Nous aurons ainsi une bibliothèque

parfaitement rangée, présentant un aspect d'ordre et de régularité capable de flatter l'amour-propre de son possesseur. Quant à l'objection que nous prévoyons : la difficulté de la classification des volumes par ordre de dimensions et par série de matières, nous y répondons immédiatement. Certains travailleurs attribuent dans leur bibliothèque un ou plusieurs rayons à tel ou tel genre de sujets ; il y a par exemple un rayon d'histoire, un rayon de pièces de théâtre, et ainsi de suite. Ce système a l'inconvénient de mettre côte à côte des volumes de hauteur différente, ce qui est défectueux au point de vue de la régularité et de l'ordre de la bibliothèque. Si, au contraire, on a adopté le système de rangement que nous avons préconisé : mettre dans les mêmes rayons les volumes de même hauteur, on pourra placer les ouvrages traitant de sujets analogues dans les rayons superposés, c'est-à-dire les uns au-dessus des autres.

« On arrivera ainsi tout naturellement au *classement vertical* des volumes par ordre de matières. Ce *classement vertical* conservera la régularité de la bibliothèque, permettra la recherche d'un volume sans déplacement, sans avoir besoin d'aller d'une bibliothèque à l'autre. Si le volume n'est pas à la place que l'on supposait, on le trouvera dans les rayons au-dessus ou immédiatement au-dessous. La recherche d'un volume se limite donc ainsi à une étroite bande verticale, ce qui évidemment la simplifie et lui donne une certitude que ne présente aucun autre mode de classement. »

Les étagères en bois ou en métal, travées, rayons fixes, rayons à crémaillères ou à clavettes ; armoires pour les livres de réserve, comptoirs pour les formats atlantiques, casiers pour les périodiques en fascicules; boîtes à cartes, meubles pour catalogues ; monte-charges, échelles; tables et pupitres de travail; porte-feuilles, cartons pour les brochures, reliures mobiles, appui-livres, sangles de bureau, fiches de déplacement, planchettes indicatrices, en un mot tout l'ameublement d'une pièce appelée Bibliothèque, devra être d'un travail fini et soigné.

Comme objet intrinsèque, le livre est connu, on sait ce qu'il est, et comment il faut le traiter. La disposition de la bibliothèque étant arrêtée, on devra veiller non seulement sur son emplacement et son ornementation, mais son ameublement devra être fabriqué dans un style déterminé, et le choix en est nombreux dans les modèles de toutes les époques.

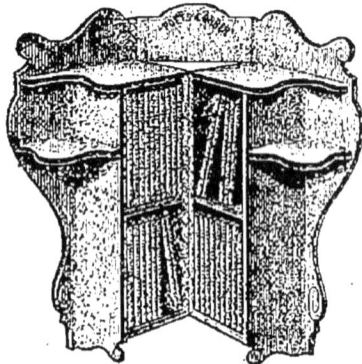

Fig. 197. — Le coin des poètes.

CE VOLUME A ÉTÉ ACHEVÉ D'IMPRIMER A PARIS

PAR LES SOINS ET AUX FRAIS DE

ÉDOUARD ROUVEYRE, LIBRAIRE A PARIS

EN LA MAISON LAHURE (IMPRIMERIE GÉNÉRALE DE PARIS)

LE XXVIIIe JOUR DE FÉVRIER

DE L'ANNÉE M.D.CCC.XCIX

www.ingramcontent.com/pod-product-compliance
Lightning Source LLC
Chambersburg PA
CBHW070624100426

42744CB00006B/598